일류 비서만 알고 있는

신뢰받는
남자,
신뢰받지
못하는 남자

KB245613

〈자가진단〉 나는 신뢰받는 남자인가?

_____ 변명하기 보다는 행동으로 보여준다.

_____ 직함에 기대지 않아도 자신 있다.

_____ '잘나갔던 과거' 보다는 '현재'에 초점을 맞추고 산다.

_____ 고맙다는 말을 하는 것이 어색하지 않다.

_____ 이유 없이 결정을 바꾸지 않는다.

_____ 잘난 척하지 않고 품위 있게 나를 높일 줄 안다.

_____ '신뢰'를 돈으로 사려하지 않는다.

_____ 타인을 돌아볼 마음의 여유가 있다.

_____ 자신의 약점을 드러내고 인정할 줄 안다.

_____ 가족과의 약속을 비즈니스 약속만큼 중요하게 여긴다.

_____ 인간관계가 숙성될 때까지 조급해하지 않는다.

_____ 부하 직원을 '관리'하되 '지배'하지 않는다.

_____ 누구든 같은 태도로 공평하게 대한다.

_____ 자리에 따라 다른 이미지를 연출할 수 있다.

_____ 가식이 아닌 진심을 담아 웃는다.

_____ 다양한 경험에서 우러나오는 나만의 매력이 있다.

_____ 로망을 꿈으로만 남기지 않고 현실화한다.

_____ 확고한 인생철학이 있다.

_____ 신뢰받는 사람을 선택한다.

_____ 스스로를 신뢰한다.

16~20개   당신은 신뢰받는 남자입니다. 함께 일하는 사람들과 마음을 열고 진심으로 소통하고 있는 준비된 리더입니다.

11~15개   당신은 꽤 믿음직한 남자입니다. 상사, 동료, 부하 직원 모두와 원활한 인간관계를 맺고 있습니다.

6~10개   주위에 확실한 믿음을 주지 못하고 있습니다. 가능성이 있는 만큼 부족한 점을 한 가지씩 보완해보세요.

0~5개   당신은 신뢰받지 못하는 남자입니다. 신뢰는 모든 인간관계의 기본입니다. 신뢰받는 법을 몸에 익힐 필요가 있습니다.

일류 비서만 알고 있는

신뢰받는
남자,
신뢰받지
못하는 남자

노마치 미쓰카 지음 | 박정임 옮김

페이퍼로드
paperroad

신뢰받는 남자, 신뢰받지 못하는 남자

초판 1쇄 발행 2013년 8월 28일

지 은 이 노마치 미쓰카
옮 긴 이 박정임

펴 낸 이 최용범
펴 낸 곳 페이퍼로드
출판등록 제10-2427호(2002년 8월 7일)
　　　　　서울시 마포구 연남동 563-10번지 2층

편　　 집 김정주, 양현경
마 케 팅 윤성환
관　　 리 임필교
디 자 인 장원석

이 메 일 book@paperroad.net
홈페이지 www.paperroad.net
커뮤니티 blog.naver.com/paperroad
Tel (02)326-0328, 6387-2341 | Fax (02)335-0334

I S B N 978-89-92920-91-9 13320

신뢰는 인생 최고의 보물

"당신은 주위 사람에게 신뢰받고 있습니까?"

이 질문을 듣고 가슴이 철렁했던 분, 많지 않나요?

풍부한 인간관계를 구축하기 위해서는 '신뢰'가 무척 중요합니다. 신뢰의 중요성은 누구나 알고 있지만, 필요한 것은 신뢰를 쌓는 '방법'입니다.

나는 약 10년 동안 여러 글로벌 기업에서 외국인 임원들의 비서로 활동했습니다. 내가 보좌했던 10명의 상사는 각각 미국·영국·독일·덴마크 등 다양한 나라에서 일본으로 부임되어온, 외국 본사의 기대를 한 몸에 안은 채 2~3년 정도의 짧은 기간 동안 막중한 임무를 달성해야 하는 사람들이었습니다.

언어도 통하지 않는 외국인이 문화와 환경이 전혀 다른 타국에서 많은 사람을 관리한다는 것은 쉬운 일이 아닙니다. 이런 힘든 조건에서도 능숙하게 부하 직원을 이끄는 사람에게는 반드시 '주변으로부터 강력한 신뢰를 받는다'는 공통점이 있었습니다.

나중에 알게 된 사실이지만, 나는 일반적인 비서와는 다른 방식으로 일을 해왔던 듯합니다. 내가 조금은 특수한 방식으로 일할 수 있었던 이유는 세 가지였습니다. 첫째, 상사가 외국인이므로 언어 지원이 필요했으며, 이로 인해 상사와 행동을 함께 하는 시간이 길었습니다. 둘째, 상사가 비서인 나를 대등한 비즈니스 파트너로 보아주었습니다. 셋째, 상사가 외국의 본사에서 일본의 지사로 몇 년 간의 기간을 정해두고 부임해온 사람들이었기 때문에 늘 정해진 기간 내에 임무를 달성해야 한다는 긴박감을 느끼며 일해야 했습니다.

이 세 가지 이유로 나는 상사와 일심동체가 되어 강한 파트너십을 갖고 일해왔습니다. 나는 자연스럽게 임원의 오른팔로 행동해야 했으며, 아주 가까이에서 그들이 일하는 방식이나 생각하는 방식을 접할 수 있었습니다.

이 책에서 전하는 다른 사람과의 '신뢰 구축 방법'은 모두 임원들과 함께 일을 하는 동안 깨닫고 체득한 것입니다. 여기에는 관리자가 아니면 떠올릴 수 없는, 경영진 특유의 발상과 사고가 담겨 있습니다. 모두에게 신뢰 받는 남자는 부하나 동료뿐만 아니라 주위 사람들을 순식간에 매료시키고 신뢰를 얻어내는 데 아주 뛰어납니다. 그 비법을 여러분에게 조금이라도 전하고 싶은 마음에 이 책을 쓰게 되었습니다.

한편으로는 비서로서 상사와 함께 행동하는 동안에 회사 내외를 불문하고 많은 사람을 만날 기회가 있었습니다. 그 중에는 중요한 위치에 있으면서도 정말로 다른 사람의 마음을 읽지 못하는 사람도 있었고, 더 이상 교류하고 싶지 않은 사람도 있었습니다. 그들은 왜 다른 사람에게 신뢰받지 못했을까요? 어떻게 하면 그들이 신뢰를 얻을 수 있었을까요? 이렇게 타산지석으로 배운 교훈과 깨달음도 이

책에 모두 담았습니다.

'신뢰받는 남자'가 되고자 한다면 잔재주나 테크닉에 의지하는 것이 아니라, 태도 그 자체를 바꿔야 합니다. 자신의 태도를 변화시키면 지금보다 훨씬 더 신뢰받는 사람이 될 수 있습니다.

직장에서 부하 직원에게 신뢰받는 상사가 되는 것은 무엇보다 중요합니다. 신뢰받는 상사와 함께 일하는 부하 직원은 무척 행복합니다. 자연스럽게 의욕이 생기고, 팀원들 간의 강력한 연대감 속에서 예상도 하지 못한 성과가 계속해서 발생합니다. 그 결과 구성원 전체가 무언가를 이뤄냈다는 성취감을 느끼게 되고, 같은 동료로서 다시 새로운 목표를 달성하고 싶다는 마음이 지속적으로 상승기류를 타게 합니다. 함께 일하는 동료 사이에 신뢰 관계를 구축해두는 것은 이렇듯 중요합니다.

상사와 부하의 관계, 업무상의 인간관계 외에도 '신뢰'는 모든 커뮤니케이션의 핵심입니다. 사람과 사람이 만나고 인연을 맺을 때에는, 누구나 상대방과 좋은 관계로 남기를 원하는 법입니다.

그렇다면, 모두가 원하는 데도 왜 신뢰 관계는 쉽게 구축되지 않을까요?

'부하의 신뢰를 얻지 못해서 고민이다.'

'마음과 마음이 통하는 커뮤니케이션을 하고 싶다.'

'사람과의 신뢰 관계를 쌓고 싶지만, 구체적으로 어떻게 해야 좋을지 모르겠다.'

'주위 사람에게 오해 받기 쉬운 성격이라서 제대로 소통하기가 힘들다.'

'팀워크를 강화하고 부하 직원에게도 동기부여를 해주고 싶다.'

'부부 사이가 좋아졌으면 한다.'

'또 만나고 싶다는 말을 듣는 사람이 되고 싶다.'

이런 고민을 가진 사람은 많을 것입니다. 사람은 누구라도 신뢰를 받으면 기쁜 법입니다. 신뢰로 가득한 인간관계는 더없이 소중한 인생의 보물입니다.

이 책을 다 읽었을 즈음에 처음 했던 질문을 다시 떠올리시기 바랍니다.

"당신은 주위 사람에게 신뢰받고 있습니까?"

처음과는 달리 조금은 자신감을 갖고 '그렇다'라고 대답할 수 있게 되었다면, 저자로서 더없이 기쁠 것입니다. '신뢰받는 남자'가 되면 인생이 크게 바뀝니다. 한 명이라도 더 많은 사람이 신뢰받는 남자가 되어, 보다 멋진 인생을 설계할 수 있기를 마음으로부터 기원합니다.

노마치 미쓰카

차례

제1장 신뢰받는 남자는 전달력이 뛰어나다

신뢰라는 말은 입 밖으로 낸 순간 거짓이 됩니다. 신뢰를 말한다는 것은 신뢰가 부족하다는 반증입니다. 신뢰는 시간을 들여 서로를 알아가는 과정에서 자연스럽게 생겨나고 성숙됩니다.

제2장 신뢰받는 남자는 관점이 다르다

큰 사건을 겪게 되면 비로소 각자가 가진 마음의 여유를 명확하게 확인할 수 있습니다. 마음에 여유가 있는 사람은 어떤 상황에서도 자신의 처지를 받아들이고 냉정한 판단을 내릴 수 있습니다.

제3장 신뢰받는 남자는 태도가 다르다

신뢰받는 남자라면 공통적으로 알고 있는 '인간관계의 비법'이 있습니다. 바로 사람과의 관계가 숙성되기를 천천히 기다린다는 것입니다. 사람과의 관계가 숙성하는 시기는 사람마다, 상황마다 다른 법입니다.

제4장 신뢰받는 남자는 '보이는 모습'도 관리한다

신뢰받는 남자는 겉으로 보이는 모습에도 무척 신경을 씁니다. 상황에 따라 주위 사람들에게 비춰지고 싶은 모습을 먼저 상상하고 결정합니다. 그리고 '그렇게 보일 수 있는 방법'을 고민해 자신을 연출합니다.

제5장 신뢰받는 남자는 자신을 신뢰한다

자기를 신뢰하고 있는 사람은 동요하지 않는 확고한 신념을 갖고 있습니다. 주인공이 되어 인생을 보내기 위해서는 자기 자신을 신뢰하고 자신의 중심을 갖는 것이 무엇보다 중요합니다. 자기가 자신을 신뢰하는 것이 인생의 주인공이 될 수 있는 '비밀의 열쇠'입니다.

신뢰받는 남자는

맺는 말

제1장

신뢰받는 남자는
전달력이 뛰어나다

신뢰라는 말은 입 밖으로 낸 순간 거짓이 됩니다. 신뢰를 말한다는 것은 신뢰가 부족하다는 반증입니다. 신뢰는 시간을 들여 서로를 알아가는 과정에서 자연스럽게 생겨나고 성숙됩니다.

신뢰받는 남자는

'신뢰'라는 말을
입에 담지 않는다

　아침부터 밤까지 업무에 쫓기던 하루가 끝나고, 귀가하는 지하철에서 안도의 한숨을 쉬고 있을 때의 일이다. 눈 앞에서 동료인 듯한 두 사람이 대화를 나누고 있었다.

　"우리 상사는 도대체 믿을 수가 없어. 신뢰가 안 간단 말이지."

　지하철 안에는 상사의 위치에 있는 사람도 많이 있었을 것이다. 이 말을 들은 그들의 기분은 어땠을까. 무심코 자기 모습을 비춰보고는 순간 가슴 한편이 무거워진 사람도 있었을 것이다.

일반적으로 여성보다 남성 쪽이 '신뢰'라는 말에 민감해서, 자신이 주위로부터 신뢰받고 있는지 아닌지에 무척 신경 쓴다. 때로는 불안해하기도 하는데, 그 이유는 신뢰가 눈에 보이지 않는 것이기 때문이다. 눈으로 확인할 수 없고 형태가 없는 것이기 때문에 더욱 걱정의 대상이 된다. 어느 날, 나는 눈에 보이지 않는 신뢰를 '형태화'하려는 사람을 만났다. 한 회사의 대표이사였던 그는 내게 이렇게 말했다.

"당신과의 신뢰 관계를 토대로 협상을 잘 진행했으면 합니다. 앞으로도 서로 좋은 관계를 유지해야죠."

"……?"

순간 거부감과 함께 꺼림칙한 기분이 들어 대답을 할 수 없었다. 그 사람과 만난 것은 겨우 두 번째였다. 솔직히 '신뢰 관계'라는 말이 전혀 와 닿지 않았다. 나는 10년 동안 기업에서 일해왔지만, '당신과의 신뢰 관계를 토대로'라는 말을 들은 적이 단 한 번도 없었다. 내 상사가 누군가에게 '신뢰를 토대로' 같은 말을 하는 것도 들어본 적이 없었다. 그때 나는 깨달았다. '신뢰'는 그 말을 입 밖으로 낸 순간,

거짓이 된다는 사실이었다.

신뢰는 사람과 사람이 커뮤니케이션을 하는 데에 있어서 가장 중요한 것이다. 누구나 신뢰가 중요하다는 생각을 하지만, 서로를 잘 알지 못하는 관계에서는 신뢰가 생기지 않는다. 함께 일하고, 문자를 주고받고, 편안하게 일상적인 이야기를 하는 등 상황에 따라 다양한 교류를 하며 서로를 가깝게 느끼게 된다. 신뢰는 시간을 들여 서로를 알아가는 과정에서 자연스럽게 생겨나고 성숙되는 것이다.

이제 막 같은 부서로 이동해온 상사가 '오늘부터 나를 믿고 따라주기 바란다'는 말을 한다면 부하 직원은 어떻게 받아들이게 될까. '아, 네'라고 대답은 하지만, 마음속으로는 무언가 거북함을 느낀다. 그리고 처음에는 신뢰할 수 있는 사람인지 관찰하다가, 시간이 흐르면서 '이 사람의 이런 부분은 신뢰가 가는군'이라며 조금씩 마음을 열게 된다. 이렇게 시간을 들였을 때 비로소 신뢰가 생겨난다.

신뢰는 상대에게 강요하면 강요할수록 사라지는 법이다. 신뢰 관계는 말을 통해 억지로 만들 수 있는 것도 아니다. 신뢰받는 남자는 '당신을 믿으니까', '당신과의 신뢰를 토대로'와 같이 신뢰라는 말을 입에 올리지 않는다. 진정한 의미의 신뢰 관계가 구축되어 있다면 이를 말로 표현할 필요가 없기 때문이다. 신뢰받는 남자는 신뢰라는 말을 입에 올리지 않기 때문에 신뢰할 수 있는 법이다.

신뢰라는 말은 입 밖으로 낸 순간 거짓이 됩니다. 신뢰를 말한다는 것은 신뢰가 부족하다는 반증입니다. 신뢰는 시간을 들여 서로를 알아가는 과정에서 자연스럽게 생겨나고 성숙됩니다.

신뢰받는 남자는

억울한 일에도 변명하지 않는다

'신뢰받는 상사'와 함께 후쿠오카 현에 있는 기업에 인사 차 방문했을 때의 일이다.

아침 7시 30분에 하네다 공항을 출발해 후쿠오카에 도착 하는 비행기에 탑승할 예정이었는데, 하네다 공항에 도착 한 뒤 탑승 예정이었던 비행기의 출발이 한 시간 정도 늦 춰졌다는 사실을 알게 되었다. 여러 대안을 고려해보았지 만, 출발이 지연된다고 해도 그 비행기에 탑승하는 것이 그때로서는 최선의 선택이었다.

상사는 내게 곧바로 상대 회사의 비서에게 전화를 걸도

록 했다. 후쿠오카의 회사에 도착하려면 30분 정도 늦을 듯했고, 그쪽에서 그 시간대에 이미 다른 일정을 잡아놓았는지 확인도 해야 했다. 다행히 상대편에서 30분 정도는 괜찮다고 답변했다. 통화를 마치고 문득 상사를 보니 조용한 얼굴로 허공의 한 점을 응시하고 있었다. 무척이나 심각한 표정이었다.

'절대 해서는 안 될 일을 해버렸어……'

상사의 표정에는 그런 분위기가 감돌고 있었다.

방문할 회사에 도착하고 사장이 회의실에 들어서자마자 상사는 "정말 면목이 없습니다. 진심으로 사과드립니다"라며 머리를 깊이 숙였다. 그리고 그대로 침묵이 흘렀다. 그쪽 사장은 "아닙니다. 그 정도로 사과할 일은…"이라며 상사의 어깨에 손을 얹어 고개를 들도록 재촉했다. 그리고 착석하자마자 곧바로 회의가 시작되었다.

상사는 '비행기의 출발 시각이 갑자기 변경되어서', '탑승 예정이던 비행기 출발이 지연되어서'와 같은 변명을 상대에게 일절 하지 않았다. 변명은 자신에게만 옳은 이야기일 뿐, 상대와는 관계없는 내용이기 때문이다. 변명은 어디까지나 자신을 정당화하기 위한 변론이다. 자신을 보호하기 위한 갑옷 같은 것이다.

변명이라는 갑옷은 무척 편리한 도구여서 자신을 방어하기에 좋은 안전장치라고 생각하기 쉽지만, 거기에는 커다란 함정이 도사리고 있다. '변명을 하면 할수록 신뢰를 잃어간다'는 함정이다. 변명을 늘어놓을수록 커뮤니케이션의 핵심인 신뢰를 상실해가는 것이다.

만약 당신의 친구가 늘 변명만 꺼낸다면 어떨까? 처음에는 어쩔 수 없었다고 생각하면서 받아들이지만, 계속되는 반복적 변명을 듣다 보면 친구에 대한 신뢰가 결국 사라지게 될 것이다. 신용할 수 없는 사람과 마음을 나누는 것은 어려운 일이다. 변명의 횟수만큼 신뢰는 사라져간다. 신뢰받는 남자는 그 사실을 잘 알고 있다.

지각 사유는 '시간에 대한 변명'이다. 지각한다는 것은 그것이 몇 분이 되었든 상대의 시간을 빼앗는 행위다. 상대방의 시간을 존중하지 않고 자기 본위의 시간 사용법을 상대에게 강요하는 것이다. 중요한 자리에 있는 사람들은 시간에 대해서 엄격하다. 비즈니스 세계에서는 단 1분이라도 지각을 하면 그것만으로도 상당히 나쁜 인상을 준다는 것을 그들은 잘 알고 있다. 후일담이지만, 그 상사는 후쿠오카에서의 회의가 끝나자 곧장 도쿄의 사무실에 연락을 취하라고 내게 지시했다. 다음날 오전 중에 반드시 사과의 뜻이 담긴 선물이 도착할 수 있도록 하라는 것이었다. 그리고 그 이후로는 그 회사와의 약속이 오전 중 잡혔을 때마다 그 전날에 후쿠오카로 와서 머물렀고, 두 번 다시 늦는 일이 없도록 철저하게 대처했다.

주위 사람들이 '아! 이 사람은 다르구나'라며 믿을 수 있는 존재가 되기 위해서는 변명을 하지 말아야 한다. 일단은 바로 내일부터 작은 일이라도 시작해보는 것이 어떨까. '지하철이 연착되어서…', '비가 많이 와서…', '지금 바쁘니까…'와 같은 말은 하지 않도록 한다. 즉, 자기 자신에 대해 변명하지 않는 것이다.

그리고 그 변명을 하지 않아도 되도록, 새로운 습관을 길러보자. 아침 지하철 운행이 불안정해서 회사에 자주 지각하는 사람이라면, 습관을 바꿔 평상시보다 30분 정도 일찍 집을 나서자. 시간이 남으면 회사 근처의 카페로 간다. 그

곳에서 하루 업무를 생각해보고 업무에 관련된 공부를 하거나 좋아하는 책을 읽는다. 그렇게 하면 회사에 지각하는 일도 없어질 뿐만 아니라, 무언가 새로운 세계를 찾을 수 있을지도 모른다.

변명이라는 갑옷은 무척 편리합니다. 그러나 변명에는 '내뱉을수록 신뢰를 잃어간다'는 함정이 도사리고 있습니다. 변명의 횟수만큼 신뢰는 사라집니다.

신뢰받는 남자는

자신의 직함을 스스로 말하지 않는다

직함은 무엇을 의미하는 걸까? 인생 그 자체? 아니면 어디까지나 일을 하는 데에 있어서의 역할?

하나의 조직 안에는 다양한 직함이 존재한다. 나는 비서 업무의 일환으로 사내 조직도 작성과 사원명부 관리를 한 적이 있었다. 부서 이동이 있을 때면 인사부 직원이 사내 전체의 균형을 유지하기 위해 새로운 직함을 만드느라 머리를 싸매고 고민하거나, 실제 업무와 딱 맞는 직함을 생각해내기 위해 고심하는 모습을 보았다. 그 정도로 사원 한 사람 한 사람의 직함은 민감한 문제다.

어느 날, 직함이 무엇인지에 대해 생각하게 만든 사건이 있었다. 협의를 위해 어떤 회사에 갔을 때의 일이다. 부드러운 분위기에서 대화가 이어지던 중, 우리의 질문 내용이 마음에 들지 않았는지 상대의 표정이 갑자기 바뀌었다. 그는 격양된 어조로 이렇게 말했다.

"내가 사장이니까 모든 결정권은 내게 있습니다만."

순간 그곳 분위기가 바뀌었다. 나는 그 말을 듣고 말문이 막힘과 동시에 거부감을 느꼈다. 나는 그때까지 자기 입으로 자신의 직함을 말하는 사람을 만난 적이 없었다. 한 번도 그런 발언을 들은 적이 없었기 때문에 어떻게 응대해야 할 지 당황스러웠다. 그때의 회의는 무언가를 결정하기 위한 자리가 아니라 서로 의견을 교환하는 장이었기 때문에 더욱 놀라웠다.

높은 자리에 있는 임원이 자신의 직함을 스스로 말하는 경우는 거의 없다. 오히려 밝히기를 꺼릴 정도다. 실제로 오랜 기간 비서로서 상사와 함께 행동하는 동안에, 상사가 자신의 직함을 말로 전하는 모습을 나는 단 한 번도 본 적이 없었다.

예를 들어 중요한 고객을 방문한 경우에는 처음에 인사를 나눌 때 명함을 교환한다. 그때 '○○ 회사의 ○○○라고 합니다'라는 식으로 회사와 자신의 이름을 말할 뿐이며 직함을 붙여 말하는 경우는 거의 없다.

직함은 명함을 보면 바로 알 수 있다. 명함 교환이 끝나면 각자 받은 명함을 잠시 바라보며 '아, 이 사람은 이런 직함을 가졌구나. 그렇다면 주로 이런 일을 하고 있겠군'하고 추측한다. 직함을 보며 양측은 순식간에 많은 것을 전달받는다. 그리고 잠시 후, '○○○ 씨는 ○○(직함)이시군요. 최근에는 좀 어떤가요?'라는 식으로 대화가 진행된다.

자신의 직함은 굳이 말로 전하지 않는 것이 미덕이다. 직함은 많은 것을 단적으로 드러내고 있어서 말로 할 필요가 없는 법이다. 예로 들었던 경우처럼 직함을 직접 전하는 것을 듣게 되면 갑자기 거리감이 크게 느껴질 수도 있다. 직함이 권위의 상징으로 이용되면, 무언가 커다란 압박이 가해지는 느낌이 드는 것이다. 그 이후는 긴장감이 높아진 상태에서 대화가 이어지기 때문에 분위기는 불편해지고, 창조적인 발상을 하기 어려운 상황이 되어 버린다.

직함에는 무언가 신묘한 힘이 깃들어있다. 그렇기 때문에 자신감이 없는 사람은 무심코 직함에 의지하려고 하는지도 모른다. 직함에 기대지 않고 자신의 존재감을 가질 수 있는 사람이 진정으로 강한 사람이다. 사람은 결국 상대방의 직함이 아닌, '사람됨'에 끌리기 때문이다.

자신의 직함은 굳이 말로 전하지 않는 것이 미
덕입니다. 직함이 권위의 상징으로 이용되면
커다란 압박이 가해지게 됩니다. 자신감 있는
남자는 직함에 기대지 않고도 자신의 존재감을
증명합니다.

신뢰받는 남자는
'잘나갔던 과거'를 들추지 않는다

사적인 술자리에서 있었던 일이다.

"노마치 씨, 그거 알아?"

이 한마디에서 시작한 '왕년'의 이야기를 나는 5시간 동안 논스톱으로 들어야 했다.

"우리가 경쟁 회사의 시장점유율을 넘어설 수 있었던 것은, 지금부터 딱 2년 전의 경영 회의에서 내가 사장에게 진언을 했기 때문이었어. 그때는 말이지, 정말로 힘들었어. 위장병이 생길 정도였다고. 고생했었지. 결과가 이렇게 돼서 다행이긴 한데, 사장님이 그 사실을 알고나 있는지, 지금도 가끔 생각해. 그때는 말이지……."

이야기는 이런 식으로 이어진다. 마치 모노드라마라도 보는 듯했다. 헤어질 즈음에는 갑자기 피곤이 훅 몰려와서 머리가 몽롱했다.

대부분 비슷한 경험이 한 번쯤 있을 것이다. 이미 지나가 버린 먼 과거 속에 살고 있는 사람의 길고 긴 이야기를 듣는 것은, 생각보다 몸과 마음을 피폐하게 만드는 듯하다.

최근 '그때 그 시절'을 인생의 정점으로 생각한 나머지 '지금'을 살지 않게 된 사람이 많아졌다. 과거 자랑만 해대는 사람을 만나면 '이 사람은 지금의 생활에 만족하지 못하고 있나?', '지금은 도대체 무얼 하는 거지?' 하는 생각이 든다. 그나마 있던 매력이 절반으로 뚝 떨어져 버리는 것이다.

한편 지금이라는 순간을 소중하게 사는 사람은 그것만으로도 매력적이다. '이 사람은 앞으로 어떤 일을 하게 될까?'라며 보는 이를 설레게 만든다.

내가 10년 간 임원들을 보좌하며 깨달은 것이 있다. 주위 사람들에게 깊은 신뢰를 받는 사람, 기록에 남을 만한 성과를 이룩한 사람일수록 겸허하다는 점이다. 그들은 자신이 누렸던 '과거의 영광'에 대해 나서서 말하지 않는다. 그들과의 이야기는 물 흐르듯이 자연스럽다.

"○○○ 씨는 일본 내에 100곳의 점포를 가지고 있다고 들었습니다. 정말 대단하네요!"

"시대의 흐름을 잘 탔을 뿐, 운이 좋았죠."

"하지만 운도 실력이라고 하지 않습니까."

"그런 말이 있기는 하죠. 하지만 솔직히 주위 사람들이 도와줘서 지금까지 해낼 수 있었던 것 같습니다. 고마운 일이죠."

"그렇군요. 많은 사람이 ○○○ 씨와 함께 일하고 싶어하는군요."

"아닙니다. 사실은 제가 사람 복이 있을 뿐입니다."

"멋지군요. 그런데, 괜찮으시다면 처음 점포를 시작하게 된 이유를 좀 들려주시지 않겠습니까?"

"그것은…"

신뢰받는 남자는 이렇듯 일방적으로 이야기하는 것이 아니라, 대화의 캐치볼을 즐기면서 이야기를 해나간다. 던져진 질문에 대한 대답이 되돌아온다. 이런 식으로 어떤 업적을 이뤄냈는지, 천천히 알아갈 수 있게 된다. 이야기의 핵심에 이르기까지, 대화의 캐치볼이 반복되는 것이다.

대화의 캐치볼이 중요한 이유는 무엇일까? 사실은 이 캐치볼을 통해 조금씩 마음과 마음의 거리가 좁혀지고, 마침내 공감이 싹트기 때문이다. 이 공감이 있을 때 비로소 대화 뒤에 피로감이 남지 않게 된다.

한편, 일방통행으로 흐르는 대화에는 공감이 없다. 상대방의 마음을 울리지 못하고, 상대방을 지치게 만든다. 신뢰받는 남자는 그 사실을 잘 알고 있다. 자신의 모습을 한번 되돌아보자. 과거라는 시간에 살면서 일방통행적인 이야기를 하고 있는가, 아니면 지금을 살면서 상대방과 대화의 캐치볼을 즐기고 있는가.

❝

과거에 파묻혀 지나간 일만 찾는 사람의 이야기는 상대를 피폐하게 만듭니다. 기록적인 성과를 거둔 사람은 오히려 겸허합니다. 그들은 자신이 누렸던 '과거의 영광'을 나서서 말하지 않습니다.

❞

5

신뢰받는 남자는

고맙다는 말을
아끼지 않는다

중요한 기획안을 제출하는 날이다. 아침부터 숨 돌릴 틈도 없이 업무에 쫓기고 있다. 점심 식사도 책상에서 간단하게 끝내고, 기획서 작성에 몰두하고 있다. 오늘 하루 도대체 몇 잔의 커피를 마셨는지도 모를 정도다. 밤 8시가 되고, '후, 오늘 업무 끝!'이라며 간신히 한숨을 돌리고 주위를 돌아보자 대부분 퇴근하고 몇 명만이 남아 있는 상황. '순식간에 하루가 지나갔네'라고 생각하며 퇴근 준비를 하고 있을 때, 상사가 "힘든 하루였지? 고맙네"라고 말해준다면 어떤 기분이 들까? 힘들었던 하루를 깨끗이 보상받는 느낌이 들지 않을까?

　스스로 정말 열심히 했다고 생각하고 있을 때, 문득 상사나 동료가 그런 말을 건네면 '누군가 나를 지켜봐 주었구나'하는 생각에 마음이 기뻐진다. 자신의 존재를 느껴준 사람, 보아준 사람이 있으면 그것만으로도 행복한 법이다.

　주변이 보이지 않을 정도로 업무에 몰두하는 날이 이어지다 보면, '이렇게 힘들게 일하는 사람은 나 혼자뿐인 것 아닐까?', '이렇게 열심히 해서 뭐하지?'라며 의기소침해지는 때가 있다. 그런 순간에 '오늘, 고마웠어!'라는 말을 들으면 무언가 어깨의 짐을 내려놓은 듯한 느낌이 들고, 의기소침했던 기분이 긍정적으로 바뀌게 된다. 고맙다는 말은 그런 것이다. '고마워'라는 말에는 마법이 걸려있다. 상대방의 기분이나 마음을 순식간에 긍정적으로 바꾼다.

　신뢰받는 남자는 이 마법의 말, '고마워'를 능숙하게 전할 줄 안다. 얼굴을 마주하고 당당하게 '고마워'라고 말할 때도 있고, 별일 아닌 듯 슬쩍 '고마워'라고 말할 때도 있다.

　'고마워'라는 말에는 사실 수많은 느낌이 있다. 여기서 중요한 것은 '지금, 상대방은 어떤 기분일까?'라며 상대의 감정에 다가가는 여유를 갖고 있는지 여부다.

만일 상사에게 꾸중을 듣고 있는 동료의 모습을 옆에서 보게 되었다고 하자. 이후 우연히 그와 마주치게 되었을 때, "덕분에 어제 일은 잘 끝냈어. 고마워"하고 조금 속삭이는 느낌으로 살며시 전하는 것이다. 아까 상사에게 꾸중 듣고 침울해 있던 동료가 조금이라도 기운을 되찾았으면 좋겠다는 배려 속에, 너무 과장되지 않도록 자연스럽게 전한다. 동료의 마음속에 희망의 빛이 다시 밝혀지면, 머지않아 의욕도 살아날 것이다. 이처럼 고맙다는 말을 할 때는 상대방의 기분에 맞게 다가가는 것이 중요하다.

신뢰받는 남자는 고맙다는 말을 단지 기계적으로 전하지 않는다. 상대방의 기분을 읽고 상대방의 마음에 다가가면서 감사를 전한다. 그렇게 했을 때 '고마워'라는 말에 깊이가 더해지고 마음이 제대로 전달되는 것이다. 이는 직장에서뿐만 아니라 가정이나 다양한 모임 등 모든 인간관계에 적용된다.

내가 비서로서 많은 사람에게 신뢰받는 상사를 보좌했을 때의 일이다. 나는 그 상사에게 하루 평균 30회 정도 아주 사소한 일에도 '고마워'라는 말을 들었다. 외국인 상사였으니 실제로는 영어로 'Thank you', 'Thanks'라는 말을 들었다. 그때의 나는 매일 회사에 가는 것이 무척이나 즐거웠고, 늘 의욕적인 상태에서 일하고 있었다. 팀원 모두가 행복한 상태였고, 팀 전체의 실적도 비약적으로 향상했다. '고마워'는 주위 사람들을 행복으로 이끄는 말이다. 그런 마법 같은 말을 주위 사람에게 선물해보자.

‘고맙다’는 말을 들으면 나를 지켜봐준 사람이 있다는 생각에 힘들었던 하루를 보상받는 느낌이 듭니다. 고맙다는 말에는 의욕을 높이고 행복을 부르는 마법이 깃들어 있습니다.

6

신뢰받는 남자는
'Recognition'을
연출한다

앞에서 신뢰받는 남자는 고맙다는 말을 아끼지 않는다고 했다. 사실 고맙다는 말을 전하는 데에는 그보다 한 단계 위인 멋진 방법이 있다. 바로 '레커그니션(Recognition)'이다. 간단하게 말하면, 고맙다는 감사의 마음을 상대에게만 말로 전할 것이 아니라 주변의 다른 사람들과도 공유하는 자리를 여는 것이다.

'레커그니션'의 사전적 의미는 '인식', '감사', '표창', '진가를 인정하는 것', '올바르게 평가하는 것'이다. 고맙다는 말을 전하고 싶은 사람이 있을 때, 그 사람의 진가를 인정하고 제대로 평가한다면 그것이 바로 레커그니션이다.

　신뢰받는 남자는 상대의 공로를 인정하는 자리 연출에 뛰어나다. 고마운 마음을 간단하게 표현할 수 있는 수단 중 하나로 감사 파티를 들 수 있다. 어떤 상사를 보좌했을 때의 일이다. 그 상사는 프로젝트가 끝나면 언제나 파티를 열었다. 5~6명이 모이는 작은 규모일 때도 있었고 100명 정도가 모이는 큰 규모일 때도 있었다. 규모는 상관없이 '당신, 정말로 훌륭했다. 고맙다'라는 뜻을 전하고 싶은 프로젝트의 주역들이 참여하면 된다.

　상사는 그 자리를 '레커그니션 파티'라고 이름 붙였다. 그리고 그 깜짝 파티를 위해 즐겁게 그러나 진지하게 다양한 궁리를 했고, 내게 아이디어를 묻기도 했다. '주역으로서 무대에 선 사람을 가장 기쁘게 할 수 있는 방법'을 생각하는 것이다. 깜짝 파티를 위해 아이디어를 생각하는 순간은 시간을 잊을 정도로 즐겁다. 파티에 참석한 주역들도 행복한 마음에 밝은 미소를 짓게 된다. 때로는 기쁨의 눈물을 보이는 사람도 있다. 옆에서 지켜보는 이까지도 행복해지는, 그런 기쁨을 느끼는 것이다.

이벤트 연출에 뛰어났던 그 상사가 선사했던 감동적 자리가 있었다. 회사의 존립을 건 대규모 프로젝트에서 리더로 발탁되어 멋지게 임무를 완수한 A씨. 그가 인사이동으로 인해 다른 부서로 옮기게 되었을 때의 일이다. 모두가 무척이나 아쉬워했고, 큰 역할을 했던 A씨에게 감사의 마음을 전하고 싶어했다. 그래서 40명 정도의 프로젝트 팀원 각각이 3년 동안의 마음을 담아 감사를 표하는 모습을 영상으로 촬영했다. 영상은 파티 당일에 상영됐다. 마침 A씨의 아내도 같은 회사에 근무하고 있었기 때문에 아내의 모습을 마지막에 담았다. 함께 고생했던 팀원이 모두 모인 가운데 따뜻한 마음을 전달받은 A씨. 동료 전원에게 동시에 '고마워'라는 말을 들은 그 순간은 A씨에게 잊을 수 없는 순간이었을 것이다. 리더로서 이 프로젝트에 참가할 수 있었던 것이 정말 다행이었다는 생각이 가슴에 퍼지고, 지금까지의 고생이 순식간에 날아가 버리는 듯 했을 것이다.

그날 내 상사는 A씨에 대한 고마움이 더욱 잘 전해지도록 프로듀서 역할에 철저했다. 그는 팀원 한 사람 한 사람을 배려해 보다 현장감 넘치는 자리를 연출했다. 팀원 각자가 지금까지 3년 동안의 일들을 섬광처럼 떠올리고 있었을 것이다. 기쁨과 서운함이 교차하는, 감동적인 모임이었다. 부서가 바뀌어도, 조직에서 멀어져도, 각각의 마음속에는 그 날의 자리가 선명한 기억으로 남을 것이다. 그리고 앞으로는 '프로젝트 리더 A씨'가 아니라 '함께 일했던 믿을 수 있는 A씨'로서 프로젝트가 끝나도 서로의 관계를 이어나갈 수 있을 것이다.

회사뿐 아니라 가정, 친구 모임, 취미 모임 등 어떤 곳에서든지 사소하게 축하할 수 있는 일을 찾자. 그리고 때때로 기념일을 만들어 감사와 축하를 나누면 기쁜 마음을 나눌 수 있다. 감사 파티를 열고, 고마운 마음을 확실하게 전하려고 노력해보자.

깊은 감사를 전할 때는 마음을 표현하는 파티를 마련합니다. 이는 말로 하는 인사보다 한 단계 위인 멋진 방법입니다. 감사의 마음을 주변 사람들과 함께 나누면 감동이 배가 됩니다.

7

신뢰받는 남자는

이유를 말할 줄 안다

상사가 본사로 돌아가고 새로운 담당자가 다음 상사로 일본에 부임해오게 되었을 때의 일이다. 새로운 상사가 부임해온 지 3개월이 지날 무렵, 함께 일하던 부장이 즐거운 듯 이렇게 말했다.

"이번 본부장은 일관성이 있어서 편해. 덕분에 하나하나 확인하지 않아도 되니까 안심하고 일할 수가 있잖아. 노무치 씨도 일이 좀 편해졌지?"

부장은 무척이나 신이 난 모습이었다. 확실히 이전 상사 시절에는 전날 나왔던 말이 다음날 아침에 바뀌는 경우가 자주 있어서, 내게 살짝 물어보러 오는 사람이 상당했다.

"지난주까지는 이렇게 하라고 해놓고 왜 갑자기 바뀌었는지 알아?"

"어제까지는 A플랜으로 진행한다고 했는데 왜 갑자기 B플랜으로 변경한 거야? 골치 아프군. 이미 사람들에게 다 얘기해놨는데, 뭐라고 해야 하지?"

이런 상황이 빈번하게 일어났기 때문에 비서인 나를 포함한 주위의 많은 사람이 원래라면 하지 않아도 되는 일까지 매번 확인을 한 후에 일을 진행해야 했다. 당연히 불필요한 일에 시간을 뺏겨서 업무 진행이 힘들어졌다. 그리고 그 확인 작업을 게을리했다가 나중에 일이 커지는 경우도 종종 있었다.

이유를 말하지 않거나, 또는 확실한 이유도 없이 쉽게 주장을 바꾸는 상사를 부하 직원은 따르지 않는다. 상사의 임기가 1년으로 정해져 있다면 부하 직원들은 어쩔 수 없이 '1년 만이야!'라며 참을지도 모른다. 하지만 그 상사의 임기가 5년이라면 어떨까. 상상하는 것만으로도 마음이 무거워진다. 그만큼 사람들은 이유 없이 주장이나 의견을 쉽게 바꾸는 것을 싫어하는 법이다.

물론 비즈니스 세계에서는 여러 가지 사정에 의해 업무 방향이나 지침이 갑작스럽게 변경될 수 있다. 그리고 어쩔 수 없는 상황이라는 것도 있다. 그럴 때에 신뢰받는 남자라면 이런 방법을 쓴다. 바로 주장이나 의견이 바뀌는 이유를 관계자에게 확실히 전달하는 것이다. 변경 사유를 직접 이야기해도 좋고, 전화를 하거나 메일을 보내도 좋다. 그때그때의 상황에 따라 전달하는 방법은 다르다. 하지만 반드시 '변경된 이유'를 전달한다.

당신은 이런 상황에서 부하나 동료에게 이유를 확실히 밝히는가? 변경 사항에 대해 아무 말 하지 않더라도 '부하니까 당연히 받아들이겠지'라고 쉽게 생각하고 있지는 않은가? 찬찬히 되짚어보기를 바란다.

또한 신뢰받는 남자는 그 전달 방법도 무척 뛰어나다. '사장님이 그렇게 말씀하셔서'라며 누군가의 명령 때문이라고 말하는 방식은 절대로 피해야 한다. 물론 사장님의 지시는 직원 입장에서 '노'라고 할 수 없는 절대적인 이유다. 때문에 부하 직원에게 꺼내들 수 있는 간단한 변명이 된다. 하지만 사실 그것만으로는 충분하지 않다. 신뢰받는 남자의 전달 방식을 구체적으로 알아보자.

"아쉽게도 다음 분기부터 본부 예산이 10퍼센트 삭감되었다."

갑작스러운 상사의 말에 부하 직원들은 당연히 '왜?'라고 떠올리며 이유를 알고 싶어한다. 이때 '사장의 결정이다'라고 한다면 부하 직원들은 어떤 기분이 들까? 사장의 결단이니까 받아들일 수밖에 없다는 것은 알지만, 조금 더 상세하게 그 '이유'가 알고 싶어질 것이다. 이런 경우, 신뢰받는 남자는 이렇게 대답한다.

"왜 10퍼센트나 삭감되었는지 납득할 수 없는 마음은 잘 알고 있다. 일본 시장 자체는 그다지 변화가 없지만, 급속하게 성장하고 있는 다른 아시아 국가 쪽으로 예산을 돌리고자 하는 것이 본사의 의향이다. 예산이 삭감되어 여러분의 활동에 조금 불편함이 있겠지만, 문제가 있으면 꼭 말해주기 바란다. 이런 상황이라도 일본이 아시아를 리드하고 있다는 마음으로 모두 노력하자. 이 사항에 대해서 다른 질문이 있나?"

이처럼 팀으로서 함께 일하고 있는 직원들에게 확실하게 상황을 전달하고 질문을 받는다. 그렇게 하여 각각의 개운치 않은 기분을 없애고, 업무의 방향성을 맞추는 데 노력한다. 이는 마치 합리적이고 설득력 있는 연설과 같다. 신뢰받는 남자는 이유 없이 주장을 바꾸지 않는 법이다.

이유 없이 주장을 바꾸는 상사를 부하 직원은
따르지 않습니다. 주장을 바꿀 때는 관계자에
게 그 이유를 확실히 전달하고 질문을 받아야
신뢰를 얻을 수 있습니다.

8

신뢰받는 남자는

부정적인 표현을 피한다

아침에 사무실로 출근해서 '오늘은 어떤 식으로 일을 해볼까'하고 하루의 업무 흐름을 생각하는 순간, 여러분이라면 다음 중 어떤 말을 듣고 싶을까.

"○○○ 씨, 어제 회의 말인데, 그게 좀……. 잘 안 된 것 같아."

아침에 상사나 동료가 이런 식으로 말을 걸어온다면 무언가 의욕이 사라져버릴 것이다. 그렇다면 다음과 같은 말을 듣는다면 어떤 기분이 될까?

"○○○ 씨, 좋은 아침. 어제는 고마웠어. 덕분에 회의가 잘 끝났어."

오늘 하루 더욱 열심히 해야겠다는 긍정적인 기분이 들면서, 의욕이 솟을 것이다. 그 정도로 '말'은 상대방의 기분에 영향을 준다.

약 10년 동안 임원을 보좌하는 비서 업무를 통해 알게 된 사실이 있다. 신뢰받는 남자는 주위 사람들에게 센스 있는 긍정적인 말을 일상적으로 한다는 것이다. 얼굴을 마주하고 말하기가 쑥스러워서, 알고 있으리라 생각해서, 굳이 말로 하자니 귀찮아서……. 대부분은 이런 이유로 긍정적인 말 걸기를 게을리하는 경우가 많다.

신뢰받는 상사는 부하나 동료에게 그때그때 맞는 방법으로, 시의적절한 피드백을 하는 데에 무척 뛰어나다. 피드백에는 '긍정적인 피드백'과 '부정적인 피드백' 두 종류가 있다. 일반적으로 직장에서는 상사가 '이렇게 해야 하지 않겠나', '왜 이렇게 하지 않았나'라는 식으로 늘 부하를 조종하게 되고, 자연히 부정적인 피드백이 많아지기 쉽다. 그래서 더욱 의식적으로 긍정적인 피드백을 하려는 마음가짐을 갖는 것이 중요하다.

부하가 업무를 훌륭하게 해냈을 때는 "그 건은 아주 잘 해냈어!", "그때 그렇게 해줘서 큰 도움이 되었어! 고마워", "자네가 준비한 프레젠테이션은 아주 설득력이 있었네. 덕분에 회의가 쉽게 진행되었어!" 등 긍정적인 피드백을 해주도록 한다. 매일 긍정적인 피드백을 하고, 고마움을 확실하게 전달하는 것이 부하 직원들의 의욕을 높이는 방법이다.

부하 직원은 '상사가 신경을 써줘서 기쁘다', '나를 중요하게 생각해주는 것 같아서 더 열심히 하고 싶어진다'는 식으로, 상사의 사소한 말 한마디에도 무척 민감하게 반응한다. 신뢰받는 남자는 긍정적인 말을 상대방에게 전하는 것, 즉 긍정적인 피드백이 거의 습관화되어 있다. 주변 사람들에게 말을 거는 일은 '말이라는 다리를 건너는 것'과 같다. '말'은 사람과 사람을 연결하는 '다리'인 것이다. 우선 사소한 내용이라도 주위 사람들에게 말을 걸어보도록 하자. 상대방을 맥 빠지게 하는 부정적인 말이 아닌, 상대방을 기운 나게 하는 긍정적인 말을 해주는 것이다. 긍정적인 말 걸기는 인간관계를 더욱 풍요롭게 해준다.

부하 직원은 상사의 사소한 말 한마디에도 무척 민감하게 반응합니다. 쑥스러워 하지 말고 의식적으로 긍정적인 피드백을 하려는 마음가짐을 가져야 합니다.

제2장

신뢰받는 남자는
관점이 다르다

큰 사건을 겪게 되면 비로소 각자가 가진 마음의 여유를 명확하게 확인할 수 있습니다. 마음에 여유가 있는 사람은 어떤 상황에서도 자신의 처지를 받아들이고 냉정한 판단을 내릴 수 있습니다.

9

신뢰받는 남자는

자신감을
급조하지 않는다

'요즘 자꾸 자신감이 없어져'라고 문득 느껴본 적이 있는가? 언제 그런 느낌을 받는가?

편안한 마음으로 커피 한잔 마시면서 한숨 돌리고 있을 때라는 사람도 있고, 중요한 회의에서 프레젠테이션을 마치고 안심하고 있을 때라는 사람도 있다. 사람에 따라 자신감이 없어진다고 느끼는 때나 장소는 다르다. 자신감이란 묘한 것이어서, 안타깝게도 '자, 지금 자신감을 갖도록 해보자'라고 생각한다고 가질 수 있는 것이 아니다. 중요한 시험이나 면접 직전, 또는 앞으로의 인생을 크게 바꾸게 될 기로에 서있을 때, '지금 이 순간 자신감을 갖고 싶다'고 절실하게 원해도 생각처럼 되지 않는다.

자신감이 필요한 순간에 알아서 생긴다면 얼마나 좋을까. 어느 날, 모두에게 신뢰받던 상사가 이런 말을 건넨 적이 있다.

"자신감은 의외로 자기 혼자서는 얻기 어려운 법이야. 자신감은 주변 사람들이 가져다주는 것이니까."

신칸센으로 이동 중 업무 협의를 하다가 들은 말이었지만, 무언가 납득이 가질 않아 답답했기 때문에 질문을 해보았다.

"자신감이란 스스로 경험을 쌓으면서 생기는 것이 아닙니까?"

"물론 경험은 무엇보다 중요한 자신감의 원천이지. 하지만 그것만으로는 충분하지 않아."

"……?"

"대부분의 사람들은 자신감을 가져야 한다고 스스로에게 지나치게 강요하기 때문에 힘들어하는 거야. 자신감은 주위 사람이 가져다주는 것이다, 라고 생각하면 마음이 편해질 거야."

종점인 도쿄 역에 도착하며 대화는 도중에 끝나버렸다.

그 이후, 한 달 정도가 지났을 무렵 문득 상사가 했던 말이 가슴에 딱 와 닿게 되는 일이 있었다. 당시의 나는 영어로 의사록을 만드는 데에 악전고투를 하고 있었다. 참가자가 발언한 내용을 간단명료하게 정리하는 것은 힘들었다. '프로가 되려면 아직 멀었나…'라고 고민하고 있는 상황에서 상사가 이런 말을 했다.

"그러고 보니 최근에는 회의가 끝날 무렵에 의사록이 80퍼센트는 완성되는 듯해. 회의가 끝나고 3시간 이내에 참가자들에게 의사록을 나눠주는 걸 보면 말이야. 요령을 터득한 건가? 상당히 빨라졌어."

그 한마디가 내게 자신감을 가져다주었다. '아, 듣고 보니 의사록을 만드는 속도는 상당히 빨라졌구나'하고 깨달았던 것이다. 혼자서는 결코 깨닫지 못했을 사실을 그 상사가 가르쳐준 것이다. 확실히 이전의 나는 회의가 끝나도 의사록을 완성하지 못한 채 끙끙대고 있었고, 빨라야 다음 날 아침에 보내는 것이 최선이었다. 그런데 의사록을 작성하는 속도가 빨라지자, 이번에는 어느새 간단명료하게 정리하지 못한다는 고민에 초점이 옮겨지면서 속도에 대한 고민은 완전히 잊고 있었던 것이다. '확실히 의사록 작성 속도는 빨라졌어!'라고 객관적으로 자신의 성장을 볼 수 있었던 것은 늘 함께 일하는 상사의 말 덕분이었다.

이처럼 늘 옆에서 함께 일하는 상사나 동료, 선배나 후배의 사소한 말이 계기가 되어 자신이 이전보다 성장했다는 사실, 그리고 자신감이 생겼다는 사실을 깨닫게 되는 경우가 많다. 신뢰받는 남자는 자신감이란 가져보려고 혼자 애를 쓴다고 해서 가질 수 있는 것이 아니라는 것을 알고 있다.

신뢰받는 남자는 또한 스스로의 이미지를 유지하는 능력이 뛰어나다. 머릿속에서 떠올리는 자신의 이미지가 너무 완벽해진 나머지 현재 자기 모습과 격차가 벌어져 고민하는 사람이 있는가? 그런 사람이라면 어떻게든 혼자 노력해서 자신감을 얻어보려고 필사적이 될 것이다. 하지만 '도대체 어디까지 노력해야 되는 걸까'라는 불안감에 등을 맞댄 상태로 자신의 마음을 칭칭 얽매게 된다. 아무리 노력

해도, 위를 보면 볼수록 자신감이 없어지는 '패배의 악순환'에 빠져 있는 것이다. 그럴 때는 잠시 손을 놓고 숨을 돌리며, 자신이 지금 어디에 있는지를 객관적으로 보는 마음의 여유를 갖는 것이 좋다. 자신감은 주위 사람들이 가져다주는 것이다. 자기 자신이 만든 기준치에 얽매여 힘들어하는 것은 안타까운 일이다.

안타깝게도 자신감은 '지금부터 가져보자'고 해
서 가질 수 있는 것이 아닙니다. 자신감은 주위
사람이 가져다주는 것입니다. 스스로에게 지나
치게 강요하면 힘들어질 뿐입니다.

10

신뢰받는 남자는

품위 있게 자존심을 지킬 줄 안다

자존심이 강한 사람과 일을 하다가 기분이 나빠졌던 경험, 대부분 겪어봤을 것이다. 조직은 다양한 사람이 존재하는 인간관계의 보고다. 그 가운데에는 자존심이 강한 업무 상대도 있을 것이다.

조금 이상하게 들릴지도 모르지만, 내가 임원들을 보좌하면서 비서로 일하는 동안에, '이 사람은 자존심이 정말 센 사람이라서 함께 일하기가 힘들다'고 생각한 적은 없다. 이 것은 어느 날 친구와 이야기를 하다 문득 깨달은 사실이다.

"비서로 일하다 보면 주위에 프라이드가 강한 사람만 있어서 피곤하겠다. 여러 가지 신경 써야 하고 사소한 것도 조심해야 하고⋯⋯. 힘들지 않아? 지위가 높은 사람일수록 자존심도 셀 것 같은데."

"임원이 그런 이미지야?"

"그렇지. 모두 잘난 척할 것 같은 느낌인데?"

"잘난 사람은 잘난 척하지 않는 법이야."

"뭐? 그런 거야?"

친구는 지위가 높으면 높을수록 콧대가 높고 거만한 사람이 많을 것으로 생각하고 있는 듯했다. 사실은 그렇지 않다. 신뢰받는 남자는 자신의 존재 가치를 알고 있고, 그 가치를 스스로 확실하게 인정한다. 그런 사람은 실제로 온화하고 겸허하다. 다른 힘을 빌려 자신을 과시할 필요가 없기 때문일 것이다. 자신에게 긍지를 가진 사람은 무리하게 품위를 유지하려고 할 필요가 없기 때문에 자연스러운 모습으로 있을 수 있다. 친구가 말하는, 흔히 잘난 척하는 사람의 대부분은 '지위의 힘'을 빌려서 자기를 지키려는 사람이다.

분명 자신의 지위에 자부심을 가진 사람 중에는 거만한

사람도 있을 수 있다. 하지만 지위란 결국 하나의 기호에 지나지 않는다. 토지의 어떤 장소를 가리키는 것이 주소이듯이, 직함이나 지위는 그 조직 안에서의 위치를 나타내는 것에 지나지 않는다. 지위가 아닌 자기 자신에게 긍지를 가진다. 이 두 태도의 차이는 아주 크다.

자기 자신에게 긍지를 가진다는 말은 어떤 뜻일까. 겸허가 미덕인 동양권 국가에서 자기 자신에게 긍지를 갖는 일은 조금 낯간지러운 느낌일지도 모른다. 서양의 언어 표현 중에 'I am proud of myself'라는 말이 있다. 직역하면 '나는 나 자신을 자랑스럽게 생각한다'는 의미이다. 나는 이 표현을 무척 좋아한다. 외국인이던 내 상사는 모두 'I am proud of myself'라고 말할 때 무척이나 멋진 표정을 짓고는 했었다. 안심하는 듯한 표정, 정말로 기쁘고 행복해 보이는 표정, 또는 약간 눈물을 머금은 표정이기도 했다. 하나같이 모두 인상적이었다. 작은 일이든 큰일이든 무언가를 이루어낸 뒤에 스스로 자신을 확실하게 인정해주는 말, 그것이 'I am proud of myself'다. 마치 자신에게 박수를 보내는 느낌이다.

나는 예전에 오스트레일리아에서 일본어 교사를 한 적이 있는데, 교사가 학생들에게 'I am proud of you'라는 말을 해주는 모습을 자주 목격했다. '네가 자랑스럽구나'라는 느낌의 말이다. 선생이 학생을 칭찬해줄 때 자주 사용되는 표현인데, 그 말을 들은 학생은 순수하게 기뻐하고 무척이나 즐거워했다. 일본에도 그런 칭찬의 표현이 있으면 좋을 텐데, 하고 생각한 적도 있었다. 그 사람의 존재 자체를 극구 칭찬하는 표현. 오스트레일리아의 가정에서도 아주 자연스럽게 부모가 아이들에게 그 표현을 사용하는 모습을 자주 보았다.

'프라이드'란 자긍심, 또는 자신을 존중하고 품위를 유지하려는 마음을 뜻한다. 자신을 존중하는 마음, 신뢰받는 남자는 바로 이런 마음을 갖고 있다. 자기 자신을 확실하게 존중하는 사람에게는 여유가 있다. 그 여유가 있기 때문에 일부러 잘난 척 보일 필요도 없으며, 자연스러운 모습으로 있을 수 있는 것 아닐까.

잘난 척하는 사람은 대부분 '지위의 힘'을 빌려서 자기를 지키려는 사람입니다. 자기에게 긍지를 가진 남자라면 자신을 과시할 필요가 없습니다.

11

신뢰받는 남자는

깊은 고독을 등에 지고 있다

'이렇게 고독한 사람은 본 적이 없다'고 생각될 정도로 깊은 고독감을 갖고 일하는 사람을 본 적이 있는가?

나는 기업에서 일하는 동안, 너무도 깊은 고독을 등에 지고 있는 탓에 한동안 다가갈 수조차 없었던 남자를 만난 적이 있다. 그 남자는 내 저서에도 자주 등장하는, 능력 있고 멋지며 남을 배려할 줄 아는 상사였다. 회사에서 지위가 높아지면 높아질수록 고독해져 간다. 그것은 어쩔 수 없는 일이다. 비서도 마찬가지로 상사가 승진하면 승진할수록 고독해져 가는 운명 공동체다. 비서에게는 엄청나게 깊은 그 고독에 다가갈 수 있는 마음의 그릇이 필요하다. '이렇게 고독한 상사의 등을 본 적이 없어'라고 느낄 정도로, 상사의 어깨에 올려 있는 책임의 무게를 똑같이 느끼는 것이다.

어느 날 나는 '확실한 의사 결정을 하는 사람에게는 어느 정도 고독해지는 시간이 필요하구나'라는 사실을 깨달았다. 혼자가 되어 자신의 머리로 숙고해서 중요한 안건을 결정할 준비를 해야 하기 때문이다. 사내에서 커다란 안건이나 중요한 안건에 대해 의사 결정이 내려지면, 부하를 비롯한 동료와 다른 부서 사람들까지도 각자의 입장에서 다양한 의견을 제시한다. 주변 사람들의 말에 귀를 기울이는 것은 분명 중요하지만, 서로 다른 각양각색의 의견에 휘둘리면 적확한 의사 결정을 할 수 없다. 능력 있는 상사란 주변 사람들의 발언에 귀를 기울이면서 현재 상황을 파악하고, 그것들을 재료로 해서 의사 결정의 정밀도를 한층 높여가는 사람이다.

내가 보좌했던 한 상사가 회사의 중요한 의사 결정을 내리기 직전의 장면을 소개해보겠다. 상사와 오사카로 출장을 갔을 때의 일이다. 오사카 사무실 한쪽 구석에서 두 시간 동안 서로 아무 말 없이 침묵의 시간을 공유하며 일을 한 적이 있었다. 서로 간에 신뢰가 있으면 침묵은 두렵지 않다. 그러나 주변 사원들의 반응은 의외였다. '비서라면 신경을 좀 써서 말을 걸어주면 좋을 텐데'라고 수군거리는 소리가 들렸다. 주변 사람들은 지나친 고요함에 놀랐으며, 또한 우리 두 사람의 침묵을 두려워하는 듯했지만, 상사와 내게는 흔히 있는 일이었다.

상사가 큰 결단을 내려야 할 때, 나는 일부러 말을 걸지 않고 가만히 내버려두고는 한다. 그 대신 상대가 고민에 지쳤을 때 문득 말을 걸고 싶어지도록, 말 걸기 쉬운 분위기를 만들려고 노력한다. 엄청난 긴장감 속에서 일에 전념하고 있는 상사의 '시간과 공간'을 존중하려는 것이다. 마침내 중요한 안건의 의사 결정이 내려지면, 상사는 마치 다른 사람처럼 편안한 미소로 농담이나 실없는 이야기로 내게 말을 걸어온다. 비서로서 기쁨을 느끼는 순간이다. 잠시라도 방심하면 마음이 무너질 듯한 긴장감이 감도는 가운데, 일사불란하게 업무에 몰두해 있는 사람은 주위 사람이 다가가기 어렵고, 고독해 보이는 법이다.

그리고 그들은 고독의 깊이를 알고 있기 때문에 주위 사람들에게 더욱 친절할 수 있다. 고독의 크기를 알고 있기 때문에 주위 사람들의 괴로움을 더욱 이해한다. 고독의 어둠을 알고 있기 때문에 주위 사람들의 감정 상태를 더욱 잘 느낄 수 있다. 그런 상사야말로 '마음과 마음'으로 대화할 수 있다.

그릇이 큰 사람일수록 고독과 친한 친구로 지내며, 서로 타협하면서 화합해가고 있는 듯한 기분이 든다. 그런 남자가 신뢰받는 것은 말할 필요도 없을 것이다.

사람은 지위가 높아질수록 고독해져 갑니다.
깊은 고독을 아는 사람은 그만큼 주위 사람을
이해하게 되고 친절을 베풀게 됩니다.

12

신뢰받는 남자는
'신뢰'를 돈으로
사려하지 않는다

부하 직원의 환심을 얻기 위해 매일 밤 이런저런 이유를 대면서 고급 레스토랑으로 데려가는 상사가 있었다. 어느 날, 내가 평상시처럼 근처의 좋은 레스토랑을 찾고 있을 때 동료가 상담을 해왔다.

"왜 일주일에 한 번씩 상사와 식사를 해야 하는 건지 도저히 모르겠어. 신경 쓰면서 식사를 해야 하는 게 힘들어. 게다가 해야 할 업무를 내팽개치기까지 하면서 식사를 하러 가야 하는 건지……. 이해할 수가 없어."

부하 직원 입장에서 보면 늘 함께 일하고 있는데, 왜 밤까지 함께 시간을 보내야 하는지 그 이유를 알 수 없는 것이다. 당연히 근무 시간 내에 이야기를 끝내기를 원한다.

그런데 한편 그 상사는 자랑스러운 듯 내게 이렇게 말한 적이 있다.

"매번 고급스럽고 유명한 레스토랑에 데려간다고. 이렇게 부하를 생각하는 상사는 별로 없을 거야. 회사에서도 나 하나뿐일걸."

그러는 동안 부하 직원은 온갖 핑계를 대며 상사의 초대를 거절하게 되었다. 그러자 상사는 그렇게 아껴줬는데 왜 몰라주는 것이냐며 울분을 터뜨렸다. 나는 그 상사가 부하의 기분을 정말 모르고 있다는 사실에 놀랍기도 하고 슬프기도 했었다. 상사와 부하의 생각이 불일치한 것이다.

이처럼 부하 직원이 기뻐해 줄 것으로 생각했던 일이 사실은 부담으로 작용하는 경우가 있다. 부하 직원에게 신뢰받지 못하는 것 아닐까 불안한 상사는 빨리 신뢰를 얻고 싶어 초조한 나머지, 물건이나 돈으로 해결하려는 경향이 있는데 이는 역효과만 부른다.

신뢰받는 남자는 신뢰를 돈으로 살 수 없다는 것을 잘 알고 있다. 또한 신뢰는 돈으로 사지 않겠다는 마음가짐을 갖고 있다. 부하 직원의 신뢰를 돈으로 사려는 사람은 신뢰받지 못한다. 신뢰를 돈의 힘으로 조종하려 하면 할수록 사람의 마음은 멀어져간다. 부하 직원의 기분을 맞춰주기 위해서 열심히 회식 자리를 마련하는 사람이라면, 이제 그 사실을 깨달아야 한다. 아무리 멋진 레스토랑이라도 함께 가는 사람에 따라 요리의 맛이 다르게 느껴질 정도로 만족도가 달라지는 법이다.

　손꼽히는 고급 레스토랑에 접대 차 고객과 회식을 갔을 때, 고객에게 신경이 집중되어 있어서 도대체 무엇을 먹었는지 모르겠다는 경험을 해본 사람이 많을 것이다. 나는 사회 초년생 시절 일본의 상사에서 근무했었다. 경제에 거품이 빠진 뒤였지만, 그래도 상사 특유의 접대 문화는 남아 있었고, 고객과의 회식도 빈번하게 있었다. 당시 상사에서 근무하는 사람의 대부분은 '어제 갔던 레스토랑은 최고급이었고 디너도 훌륭했어. 아내랑 갔었다면 얼마나 좋았을까', '늘 도움을 주는 선배랑 그런 레스토랑에서 느긋하게 식사를 즐길 수 있으면 좋을 텐데' 등의 말을 하고는 했다. 이처럼 속마음을 터놓을 수 있는 사람과 천천히 그곳의 분위기와 요리를 즐기고 싶은 것이다. '어디서 식사를 하는가'보다 '누구와 식사를 하는가'가 훨씬 중요하다.

부하 직원을 식사에 초대할 경우에는 그 목적과 이유를 사전에 확실하게 이야기해두는 것이 좋다. 그것만으로도 부하 직원의 부담을 덜어줄 수 있다.

직장에는 상사와 부하라는 상하 관계가 존재하기 때문에, 부하 직원이 상사에게 직접 제언을 하는 것은 어려운 일이다. 그러니 더욱 상사가 부하에게 심리적인 부담을 주고 있지는 않은지 신경 써주는 것이 중요하다. '상대방 우선'이라는 자세로, 부하의 입장에 서서 생각해볼 것. 그렇게 하면 지금까지 느끼지 못했던 부하 직원의 기분을 알 수 있게 될 것이다.

돈이나 물건으로 신뢰를 얻으려고 하면 할수록 신뢰는 도망간다. 그런 보이지 않는 역학 관계가 작용하고 있다는 사실을 기억해두자.

신뢰는 돈으로 살 수 없습니다. 신뢰를 돈의 힘으로 조종하려 하면 할수록 사람의 마음은 멀어져갑니다. 신뢰받는 남자는 신뢰를 돈으로 사지 않겠다는 마음가짐을 갖고 있습니다.

13

신뢰받는 남자는

아이 같은 마음으로 업무를 즐긴다

"비서는 늘 긴장감 속에서 신경이 곤두선 채 일을 하기 때문에 긴장을 풀 시간이 없어서 힘들지 않아?"

내가 비서로 근무하고 있을 때 자주 들었던 질문이다. 확실히 고위직 상사는 분 단위의 스케줄로 움직이고 있었고, 나 자신도 짧은 시간 동안 여러 가지 업무를 한꺼번에 해결해야 할 때가 있어 숨 쉴 틈도 없는 날이 있었다. 정신을 차리고 보면 어느새 3시간이 흘러 있기도 한다. 그렇게 매일 시간과의 전쟁을 하는 세계에서도, 사실은 놀이를 즐기 듯 업무를 대하는 상사 밑에서 일하면 무척 재밌고 긴장감이 사라지는 경우가 흔히 있다.

놀이를 즐기는 마음으로 업무에 임한다. 이것은 어떤 의미일까. 업무에 몰두할 때도 머릿속 한편에서는 소년과 같은 순수한 마음으로 사물을 생각할 수 있는 여유가 있는 것이 아닐까.

사람에 따라서는 '일을 놀이처럼 생각해서는 안 된다'거나, '일과 놀이는 확실하게 구분해야 하는 것'이라고 생각하는 사람도 있을 것이다. 하지만 한쪽 구석에 놀이를 즐기는 마음으로 일을 하는 사람은 무척이나 창조적이며, 다른 사람과는 다른 독특하고 재미있는 발상을 하는 경우가 많다. 흔히 말하는, 혁신적인 발상을 토대로 새로운 길을 개척해가는 타입이다.

모두에게 신뢰받던 영업부장 B씨의 경우를 보자. B씨는 목표 지향성이 강한 논리파다. 그는 각 지점의 영업 실적이 경쟁 상태에 있을 때면 엄격한 표정을 누그러뜨리지 않고 부하 직원에게 논리로 다가간다. 그런 B부장이 마케팅 본부의 회의에 참가하면 분위기가 완전히 바뀐다.

"판촉물의 규모와 형태를 바꿔서 다른 것과의 차별화를

도모해보는 것은 어떨까?"

"하지만 A4 크기가 표준이기도 하고……. 고객이 가방에 넣기 쉬울지 고려해야 되지 않을까요."

"고객의 가방에 넣기 쉽다고 A4사이즈로 만들면, 경쟁 회사의 판촉물과 비슷해져서 좀처럼 눈에 띄지 않아."

"그렇기는 하지만, 역시 고객제일주의로 해야만……."

"물론 그렇지만 우리 고객은 가방이 아니야. 뭐, 가방이 고객이라면 우리도 편하겠지만."

그의 가벼운 농담에 참가자들 사이에서 웃음이 터진다.

"일단 고정관념에서 벗어나 생각해 보자. 전례가 없다는 것은 중요하지 않아. 예를 들어, 이런 사이즈로 한다. 형태 는……. 그래, 제품의 모양을 본뜬 건 어떨까?"

그런 식으로 농담과 독특한 발언을 섞어서 회의를 진행 해가기 때문에 옆에서 듣고 있으면 재미가 있다. 나는 의 사록 작성 담당으로 다양한 회의에 참가해왔는데, 상사나 참가자의 재치 있는 발언에 자신도 모르게 웃음을 터뜨린 적이 자주 있다. 이렇듯 나는 계속 딱딱하게 굳은 채 긴장 감 속에서 일을 하고 있는 것이 아니다. 업무를 하는 동안에 여러 가지 웃을 일이 있고, 긴장감이 풀어지는 순간이 많이 있는 것이다.

신뢰받는 남자는 일도 즐기는 마음으로 해낸다. 그런 사람은 늘 즐거워 보인다. 즐거워 보이는 사람의 주변에는 많은 사람들이 모인다. '이 사람이라면 무언가 재미있는 발상을 할 것 같아', '상상을 초월한 무언가 새로운 일을 해줄 것 같아'라는 느낌에 어느새 주위 사람들의 기대도 점점 높아진다. 그런 사람과 함께 일하는 것은 즐거운 경험이다.

가슴 설레며 일할 수 있다는 것은 무척 행복한 것이다. 성인이 된 뒤에도 아이 같은 순수한 마음은 누구나 갖고 있는 법이다. 자신 속에 잠들어 있는 순수한 놀이의 마음을 찾으면, 일을 대하는 태도가 달라질지도 모른다.

업무에 몰두할 때도 한편으로는 소년과 같은
순수한 마음으로 사물을 생각할 수 있는 여유
를 지닌 사람이 있습니다. 즐기는 마음으로 일
하는 이의 주변에는 사람이 모이게 됩니다. 그
리고 즐거운 마음에서 비롯된 창조적 발상은
주위의 기대를 불러일으킵니다.

14

신뢰받는 남자는

타인을 돌아볼 마음의 여유가 있다

2001년 9월 11일, 세계가 경악한 사건이 일어났다. 미국 동시다발테러이다. 마침 그때, 나는 회사의 선배와 후배, 셋이서 호놀룰루에 2주간 체류하고 다음 날인 12일에 일본으로 돌아갈 예정이었다. 귀국 전날 한밤중 후배의 부모님으로부터 한 통의 전화가 왔다.

"미국에서 엄청난 사건이 일어났어. 빨리 TV를 켜봐."

후배는 졸린 눈을 비비며 텔레비전을 켰지만 처음 나온 영상을 보고 영화의 한 장면이라고 착각해 전원을 끄고 다시 잠을 청했다.

심상치 않은 일이 일어났다는 것을 깨달은 것은 아침이 되어 여행회사로 부터 전화가 왔을 때였다.

"일본에 언제 돌아갈 수 있을지 알 수 없으니 각오해주시기 바랍니다. 비행기에 탑승할 수 있는 단계가 되면 전화로 연락하겠습니다. 단, 전화를 받지 않으실 때에는 다음 손님이 탑승하게 되므로 이해해주시기 바랍니다."

서둘러 텔레비전을 켜고 한동안 뉴스를 지켜보았다. 언제 귀국할 수 있을지 알 수 없었기 때문에 일본에 있는 상사와 업무 관계자들에게도 전화로 연락을 취했다.

잠시 후 밖으로 나온 우리는 호놀룰루의 미군 기지에서 다수의 전투기가 굉음과 함께 날아오르는 것을 보며 조금 불안해졌다. 교회는 기도를 하는 사람들로 넘쳐나고 있었고, 거리에는 울부짖는 사람들과 망연자실한 채 멍하니 서 있는 사람, 냉정을 되찾고 숙박할 곳을 찾는 사람, 경찰에게 질문을 하고 있는 사람 등 다양한 사람들이 있었다.

쇼핑몰 쪽으로 걸어가자 어디선가 일본어로 크게 외치는 소리가 들렸다. 다가가보니 그곳은 일본 여행사의 호놀룰루 지사였다.

"내일 일본에서 중요한 회의가 있단 말이야. 어떻게 해서든 도쿄로 돌아갈 수 있게 조치해!"

"나는 일등석을 예약한 사람이야. 우선적으로 조치해줘!"

"모친이 심장병을 앓고 있습니다. 이번 사건으로 크게 동요하고 있어서 빨리 오사카로 돌아가 병원에 모셔야 합니다!"

"도대체 언제 일본에 돌아갈 수 있는지, 그것만이라도 알려 달라고!"

성난 목소리로 외치는 사람, 담당자에게 따지는 사람, 설득하는 사람, 거칠게 항의하는 사람. 모두 각자의 사정이 있을 것이고, 일단 주장을 해보고 싶은 마음도 이해할 수 있다. 하지만 확실한 정보조차 알 수 없는 그런 비상사태에서 명확하게 대답하고 대응할 수 있는 사람은 아무도 없을 것이다. 아수라장이 따로 없었다. 카운터에는 5명의 일본인 직원이 대응하고 있었지만, 눈앞에는 족히 80명이 넘는 사람들이 안절부절못하며 자신의 차례를 기다리고 있었다.

우리가 입구에서 15분가량 상황을 지켜보고 있자, 한 중년의 남자가 이곳은 상황이 어떻게 되어가고 있냐며 말을 걸었다. 간단하게 상황을 전해주자, 다음과 같이 얘기했다.

"조금이라도 빨리 젊은 사원을 보내줬으면 해서요. 부모님이 무척이나 걱정하고 있을 텐데……. 전화 연결이 되지 않아서 상담을 해보려고 왔는데, 힘들겠군요."

이 남자는 자신의 항공권을 호놀룰루로 함께 출장 온 젊은 사원에게 양보할 수 있는지 상담하러 여행사에 온 것이었다.

같은 상황에서도 자신을 빨리 일본에 보내달라고 목이 터져라 외치는 사람이 있는가하면, 다른 사람을 먼저 귀국시키겠다며, 주위 사람들을 먼저 생각해서 행동하는 사람도 있다. 겨우 20분 정도의 일이었지만, 이 사건은 나를 깊은 생각에 빠지게 했다. 여기에는 어떤 차이가 있을까. 어떤 이유로 행동과 대응 방식이 달라지는 걸까.

나는 그 사람이 가진 마음의 여유 때문이 아닐까 생각한다. 큰 사건이 있을 때 비로소 각자가 가진 마음이 여유가 명확하게 드러난다. 마음의 여유는 결코 숫자로 측정할 수 없지만, 그 사람의 판단이나 대응 방식을 통해 드러난다는 것을 통감했다. 마음에 여유가 있는 사람은 어떤 상황에서도 자신이 처해 있는 상황을 확실하게 받아들이고 그것을 토대로 냉정한 판단을 내릴 수 있다. 당신은 지금 자신이 놓인 상황을 제대로 받아들이고 있는가?

만족스럽지 못한 날들이 많다면 일단 지금의 상황을 한번 확실하게 받아들여보는 것은 어떨까. 처음에는 납득이 가지 않아 어려울지도 모른다. 하지만 분명 지금과는 다른 판단을 할 수 있게 되고, 보이는 세계가 달라질 것이다.

후일담이지만, 그 중년의 남자는 역시 사원들에게 무척이나 존경을 받는 사장이었다. 신뢰받는 남자는 마음의 여유를 갖고 있다. 무척이나 의미가 깊은 말이다.

큰 사건을 겪게 되면 비로소 각자가 가진 마음의 여유를 명확하게 확인할 수 있습니다. 마음에 여유가 있는 사람은 어떤 상황에서도 자신의 처지를 받아들이고 냉정한 판단을 내릴 수 있습니다.

15

신뢰받는 남자는

자신의 약점을
드러내고 인정한다

자신의 약점을 상대방에게 보여주는 것은 쉽지 않은 일이다. 경쟁이 심한 직장에서는 늘 최고의 모습만을 보여줘야 한다는 생각에 마음을 놓지 못하고, 자신의 약점 따위는 절대 들키지 않으려고 하는 사람이 많을 것이다.

집을 나서서 회사에 도착할 때까지 회사용 '가면'을 쓴다. 어떤 상황에서도 부하 직원에게 의연한 태도를 보여야 한다고 생각해서, 자기다운 모습을 봉인한 채 숨 막혀하는 사람을 많이 보았다. '부하 직원에게는 절대로 약한 소리를 해서는 안 된다'고 스스로 맹세한 사람도 있었다. 무척이나 무거워 보이는 가면이다.

어느 날 상사가 이런 말을 했다.

"직장은 자기표현의 장, 자신의 장점을 더욱 살려가는 장소야."

"그렇습니까?"

"물론이지. 일하는 동안에 노마치 씨의 진정한 재능을 발견하는 거야. 자신의 장점을 계속해서 늘려나가도록 해. 내가 도와줄 수 있는 것이 있으면 언제든 말하게."

"고맙습니다."

"특별히 자네한테 어려운 점은 없나?"

"있습니다. 일 년 내내 매일 같은 과정이 반복되는 듯한 업무를 하고 있으면 재미가 없어져서 의욕이 떨어집니다. 이런 말을 해서는 안 된다는 것은 알고 있지만……."

"그럴 것 없네. 내게도 약한 부분이 있어."

"어떤 것입니까?"

"그건 말이지……. 사실은 무척 덜렁대는 성격이네."

"전혀 그렇게 보이지 않습니다만……."

"그러니까 '꼭 이런 말까지 전해야 하나?'라고 생각되는 일도 그냥 간단하게 메일로 알려주면 고맙겠네."

이 사소한 대화를 통해 상사와 나는 서로의 약점을 보완해주는 관계가 되었고, 업무의 생산성이 훨씬 향상되었다. 서로의 약점을 보완해주는 관계, 이로부터 안도감이 생겨나고 신뢰 관계도 구축하기 쉬워졌다. 그 후 나는 늘 상사가 할 행동의 앞의 앞을 보고, 실수가 없도록 보조해야겠다고 마음먹었다. 상사와 주고받는 메일이 많아지더라도 자주 알림 메일을 보내서 상사의 업무가 막힘없이 진행되도록 지원했다.

한편 그전까지 그 상사는 나에게 일반적 비서 업무 외의 일을 부탁하는 것을 미안하게 여겨 배려했던 듯했다. 그러나 내가 매일 같은 일을 반복하는 업무보다 무언가 새로운 업무나 일상적 업무 이외의 일을 하고 싶어 한다는 것을 알고 난 이후로는 다양한 종류의 업무를 맡겨주었다. 덕분에 내 업무의 폭이 넓어졌고 보다 많은 사람과 일을 할 수 있게 되었다. 일에 '부가가치'가 생긴 것이다.

약점, 서투른 일, 싫어하는 것 등은 원래라면 감추고 다른 사람에게 말하고 싶지 않은 부분일지 모른다. 하지만 그 부분을 공유하고 서로 받아들이면 업무의 생산성이 높아지고 상대방의 의욕도 높일 수 있다. 일부러 나서서 자신의 약점을 보이려고 할 필요는 없지만 대화 속에서 자연스럽게 연결되는 부분이 있을 때 살짝 꺼내보이는 것이 좋다고 생각한다.

의외로 스스로 '이런 일도 못하다니 한심해'라고 생각하는 부분에 인간관계의 힌트가 숨겨져 있는 법이다. 자신의 약점을 알게 되면 강점도 알게 된다. 그리고 그 장점을 펼쳤을 때 자신의 새로운 가능성이 보일 것이다. 사람에게는 좋아하는 것과 싫어하는 것, 잘하는 것과 못하는 것, 나서서 하고 싶은 것과 주저하게 되는 것이 있는 법이다. '나는 이런 부분에 약하구나'라고 먼저 스스로 인정한다. 그리고 '나는 이런 부분이 부족합니다'라고 상대방에게 솔직하게 보여준다. 그러면 마음이 조금은 편해지지 않을까? 자신의 약한 부분을 알릴 수 있는 용기를 갖는 것, 그것이 신뢰의 첫걸음일지도 모른다.

약점은 다른 사람에게 말하고 싶지 않은 부분입니다. 하지만 그곳에 인간관계의 힌트가 숨겨져 있습니다. 자신의 약점을 알릴 수 있는 용기를 갖는 것, 그것이 신뢰의 첫걸음일지도 모릅니다.

제3장

신뢰받는 남자는
태도가 다르다

신뢰받는 남자라면 공통적으로 알고 있는 '인간관계의 비법'이 있습니다. 바로 사람과의 관계가 숙성되기를 천천히 기다린다는 것입니다. 사람과의 관계가 숙성하는 시기는 사람마다, 상황마다 다른 법입니다.

16

신뢰받는 남자는
잠깐 스치는
사람도 사로잡는다

사람의 마음을 순식간에 매료시키는 상사와 일했던 때의 일이다. 그 상사는 마치 사람의 마음을 포로로 만들어 버리는 마술사 같았다. 회사에서 만나는 사람 모두가 이렇게 말했다.

"노마치 씨의 상사는 정말로 멋지더군. 나도 그런 상사 밑에서 일해보고 싶어."

그 상사는 남자였지만, 남녀를 불문하고 모두 그 상사를 따랐다. 모두가 거의 팬이라고 해도 좋을 정도의 눈빛으로 그를 바라보았던 것이다. 어느 날, 상사의 동료 A씨가 이런 말을 했다.

"노마치 씨, 당신 상사는 정말 최고야! 옆에 있으면 의욕이 마구 생기지."

"무슨 일이 있었습니까?"

"특별히 무슨 일이 있었던 건 아닌데……. 진심으로 함께 일하고 싶고 따라가고 싶다는 생각이 들더군. 이런 기분, 처음이야!"

A씨는 완전히 열광적인 팬이 된 듯했다.

도대체 무슨 일이 있었던 것일까. 다음 날 아침 일찍, 상사에게 최근에 A씨와 무슨 이야기를 했는지 물어보았다.

"특별히 느긋하게 이야기를 한 기억은 없는데……. 아! 굳이 말하자면 엘리베이터에서 우연히 만나 업무에 관한 얘기를 조금 한 정도랄까."

엘리베이터에 탄 그 짧은 순간에 상대방을 매료시켜버리는 사람이라니……. 겨우 수십 초라는 순간의 시간 동안에 도대체 어떻게 만나는 사람 모두를 매료시켜버리는 것일까.

나는 무척이나 흥미를 느끼며 몰래 관찰해보았다. 그리

고 무릎을 치며 한 가지를 깨달았다. 신뢰받는 남자는 순식간에 상대방과의 '일체감'을 만들어내는 데 아주 탁월했던 것이다. 상대방과 자신이 함께 있다는 느낌을 순식간에 만들어냈다. 게다가 억지로 강요하는 것이 아니라 아무렇지도 않게, 자연스럽게 분위기를 만들었다. 거기에는 상하관계가 없는 대등한 동료 의식이 싹튼다. 그렇게 되면 상대방은 '이 사람과 함께 있어도 괜찮다'라는 안도감을 느끼게 되고, 신뢰를 쌓기 쉬워진다.

여러분 주변에도 순식간에 사람의 마음을 매료시키는 사람이 있을 것이다. 상대방의 마음에 부드럽게 스며드는 사람은 눈앞에 있는 상대의 마음에 바싹 다가가는 데에 달인이다. 함께 있다는 느낌이 바로 일체감이다. 주변 사람들을 순식간에 매료시키는 사람은 모두 이 일체감을 창조하는 전문가다. 그렇게 되기 위해서는 먼저 자신의 마음을 열어야 한다. 그렇게 하면 상대방도 마음을 열게 되고, 조금씩 서로에게 친근감을 느끼게 된다. 처음 만나는 사람과 있으면 아무래도 긴장하기 쉽고, 그 긴장감은 상대방에게도 그대로 전해져서 일체감이 생기기 어렵게 된다.

최근 라디오에 출연하면서 알게 된 사실이 하나 있다. 라디오 진행자는 기본적으로 초대 손님과 처음 만나는 사이다. 이들은 만나서 잠시 이야기를 한 후 곧바로 본방송으로 들어간다. '오늘은 긴장하지 않고 침착하게 이야기할 수 있었던 것 같군'이라고 생각할 때는, 그 진행자와의 사이에 일체감이 생겨 무척이나 즐겁게 시간을 보냈을 때다. 나는 손님이지만, 손님이라는 느낌이 들지 않는다.

한편 '왠지 조금 마음이 불편했어'라고 생각할 때는 일체감이 아닌, 거리감을 느꼈을 때다. 손님 취급을 받는 듯해서 거리를 느끼게 되는 것이다. 일체감과 거리감의 어느 쪽을 상대방에게 느끼게 하는가. 그 차이가 처음 만나는 사람에게 커다란 영향을 미친다. 당신은 상대방에게 일체감을 느끼게 하는가, 아니면 거리감을 느끼게 하는가?

신뢰받는 남자는 순식간에 상대와의 '일체감'을 만들어내는 데 아주 탁월합니다. 여기에서 상하 관계가 없는 대등한 동료 의식이 싹틉니다. 신뢰를 쌓기 쉬워지는 것입니다.

17

신뢰받는 남자는

물 흐르듯이
배려할 줄 안다

부하 직원을 둔 상사의 고민이 커지는 시기가 있다. 그것은 1년에 한 번 있는 인사고과 시기다. 항상 함께 일하는 부하의 업무 능력을 평가할 때, '이 평가가 정말로 맞는 걸까' 하고 마지막까지 몇 번이나 생각한다고 한다. 상사의 본심대로라면 부하 직원 모두에게 좋은 평가를 주고 싶을 것이다.

하지만 조직에는 조직마다 세분화된 평가 기준이 있어서 그렇게 할 수가 없다. 인사고과를 실시해야 하는 상사들을 모아 부하 직원을 평가하는 방법에 대해 설명회를 열 정도로 복잡한 기준을 갖고 있는 회사도 있다.

인사고과가 시작되려는 시기에, 한 상사는 내게 이런 지시를 내렸다.

"촉감이 좋은 작은 수건을 5장 정도 준비해주게. 색깔은 알아서 하되, 되도록 베이지색 같은 차분한 색이 좋겠네."

"네. 어디에 쓰실 겁니까?"

"이제 곧 인사고과 시기니까……."

"아, 네……."

그때 왠지 이유를 알 듯해서 더 이상은 묻지 않고 촉감이 좋은 수건 5장을 준비했다.

그 기업의 인사고과 과정에는 한 사람당 60~80분 정도 면담을 하는 단계가 있었다. 부하 직원은 사전에 상사에게 보낸 자기 평가지를 들고 회의실로 들어간다. 그리고 상사는 부하의 자기 평가에 대해 본인의 평가는 어떤지를 그 자리에서 전한다.

그런데 서로의 생각이 완전히 일치해서 동의가 이루어지면 좋겠지만, 좀처럼 그렇게 되지는 않는다. 때로는 서로가 납득할 수 없어서 몇 시간의 면담이 이루어지는 경우도 있었다. 상사는 장시간의 면담이 예상될 때는 늘 '그 수건이 있느냐'고 물었고 나는 회의실로 살며시 수건을 가지고 들어갔다. 회의실은 내 자리의 뒤에 있었기 때문에 대화 내용이 살짝 새어나왔다. 면담자는 상사의 평가를 받아들이지 못하고 눈물을 글썽이며 호소하고 있는 듯했다.

"그렇게 열심히 했는데 왜 이런 평가를 받아야 합니까? 애당초 목표가 너무 높았던 것은 처음부터 알고 계시지 않습니까?"

긴 시간 경직 상태가 이어졌다. 면담자가 회의실을 나온 것은 3시간 뒤였다.

면담자는 부장 직급자였고, 문을 나서면 옆에는 부하 직원이 앉아있는 상황이었다. 면담자는 눈이 부은 채 사무실을 걸어가는 모습은 되도록 부하에게 보이고 싶지 않았을 것이다. 그것을 고려해서 상사는 수건을 준비해두었던 것이다. 눈물을 말끔하게 닦고, 상쾌하게 회의실을 나설 수 있도록 배려했다. 상사와 나 이외에는 아무도 회의실 안의 상황을 알지 못한다.

이처럼 신뢰받는 남자는 자연스럽게 남을 배려할 줄 안

다. 그리고 배려는 '마음의 매너'라는 것을 알고 있다. 상사와 부하라는 입장의 상하관계는 있지만, 사람으로서 '마음의 매너'를 무척이나 중요하게 생각하고 있는 것이다. 사람이 많은 길을 걸을 때, 아무렇지도 않게 자신이 차도 쪽으로 재빨리 옮겨서 걷는다. 상대방이 큰 짐을 들고 있을 때는 '들어줄까'라고 말을 하기보다 재빨리 짐을 들어준다. 그러한 사소한 배려를 센스 있게 하는 데에 뛰어나다. 그 모습은 자연스럽게 보인다. 상대방에게 부담을 주거나 상대방에게 무언가를 해주면서 생색을 내는 듯한 느낌은 전혀 없다.

물론 시간과 장소와 상황을 고려해서 때와 장소에 맞는 방법을 택한다. 그런 자연스러운 배려를 할 줄 아는 남자는 상황 판단력이 뛰어나서, 늘 여러 개의 안테나를 작동시키며 순식간에 상황을 파악한다. 그 센서의 감도가 무척이나 높다. 상황을 파악하는 센서를 기른다. 그것이 자연스러운 배려를 할 줄 아는 남자가 되기 위한 비결이다.

신뢰받는 남자는 자연스럽게 남을 배려할 줄 압니다. 사소한 배려를 센스 있게 하는데 뛰어납니다. 상대의 입장을 순식간에 파악하는 센서를 기르는 것이 자연스러운 배려를 할 줄 아는 남자가 되기 위한 비결입니다.

18

신뢰받는 남자는
파트너를 사랑하고 소중히 여긴다

외국인의 비서로 일할 경우, 통역 역할로 상사의 아내와 함께 할 기회가 자주 있다. 모두에게 사랑받고 신뢰받는 상사에게는 따뜻하게 지켜봐주는 멋진 파트너가 반드시 있다. 그리고 신뢰받는 남자는 파트너를 무척이나 소중히 대한다. 그들에게 파트너나 가족의 기념일은 중요한 이벤트다. 축하할 수 있도록 미리 일정에 넣어 시간을 확보해 둔다. 가족이 최고로 즐겁게 보내는 이벤트는 여름휴가다. 연초에 가족 모두가 의논해서 올해는 어디로 갈 것인지를 정한다. 새해 출근했을 때는 이미 여름휴가 일정이 거의 정해져 있다.

세계를 돌아다니는 임원에게 시간은 가장 소중한 자산, 말 그대로 '시간은 돈'이다.

"당신 상사는 그렇게 바쁘면서도 도대체 어떻게 일과 가정의 균형을 유지하지?"

동료에게 이런 질문을 받는 경우가 자주 있었다. 이유를 생각해본 결과 깨달았다. 상사에게는 업무적 약속과 가족의 약속이 같은 것이었다. 상사가 자주 하던 말이 있다.

"왜 업무상의 약속은 지키면서, 소중한 사람과의 약속을 지키지 못하는 사람이 이렇게도 많을까. 무엇보다 중요한 일인데."

그만큼 가족과 공유하는 시간을 중요하게 여기고 있다. 업무를 대하는 것과 마찬가지로 가족과 함께 지내는 시간을 확보한다. 당신은 소중한 사람과의 약속을 뒷전으로 미루지 않는가? 당신의 사랑하는 이는 당신을 가장 잘 이해해주는 사람인가? 당신의 꿈을 응원해주고 있는가? 이 질문에 자신 있게 대답하지 못한다고 해도 괜찮다. 이제부터라도 늦지 않았으니 앞으로 소중한 사람과의 시간을 확보하고 이해의 지평을 넓히면 된다.

　사랑하는 이와의 돈독한 관계가 업무에도 크게 영향을 미친다는 점이 절실히 느껴질 때가 있다. 혼자서 무턱대고 열심히 한다고 해도, 어느 순간 쓸쓸함과 허무함을 만나게 된다. 번아웃 신드롬(어떤 일에 지나치게 몰두하다가 급격히 강한 회의감을 느끼는 증후군)처럼 자신의 인생에 허무감을 느끼게 될 수도 있다. 하지만 주변에 한 사람이라도 응원해주는 사람이 있으면 계속해서 열심히 살아갈 수 있게 된다. 그 응원해주는 사람, 이해해주는 사람이 가족이라면 이보다 더 행복한 일은 없을 것이다. 가족과의 사랑이 깊으면 깊을수록 일에서도 성공하는 것이다.

　이전에 홈파티에 초대를 받아 상사의 집을 방문한 적이 있었다. 평상시에는 조직의 최고 경영진의 한 사람으로서 당당한 얼굴을 하던 상사가 집에서는 완전히 아빠의 얼굴을 하고 있었다. 사랑과 상냥함으로 가득한 표정, 얼굴 한가득 주름을 만들며 환하게 웃는 표정은 행복 그 자체였다. 나는 상사의 그 모습을 보고 '사랑이 넘치는 가정에서 에너지를 충전해서 다음 날 업무의 활력으로 쓰고 있구나'

라고 생각했다.

사랑의 힘은 내일의 활력을 만들어낸다. 정신없이 업무에 쫓기는 가운데도 마음 깊이 안심하며 한숨 돌릴 수 있는 장소, 그곳이 가정이라면 얼마나 행복한 일일까. 여기에는 가족과의 깊은 유대감이 있어야 한다. 가족과의 애정도는 업무에서의 성공도와 서로 관련되어 있는 것이다. 말 그대로 행복을 이끄는 두 바퀴라고 할 수 있다.

당신은 에너지를 충전할 수 있는 장소를 갖고 있는가? 아무도 이해해주는 사람이 없다고 탄식하는 사람은 한 번 천천히 가족과 이야기를 나눠보도록 하자. 말없이 몰래 응원해주는 사람이 사실은 가까이 존재하고 있다는 사실을 깨닫게 될지도 모른다.

혹시 사랑하는 사람을 뒷전으로 밀어버리고 있지 않습니까? 이제부터라도 소중한 사람과의 시간을 확보하고 이해의 지평을 넓혀야 합니다. 가족과의 사랑이 깊으면 깊을수록 일에서의 성공도 가까워집니다.

19

신뢰받는 남자는

조급해하지 않는다

만약 처음 만나는 사람에게 갑자기 '내일부터 친하게 지내주세요'라는 말을 들었다면, 어떤 기분이 들까? 순간적으로 마음 어딘가에서 경계심을 품게 되는 사람이 많을 것이다.

선망의 대상을 만났을 때, 존경하는 사람을 만났을 때, '마침내 만났다!'라며 자신도 모르게 마음이 설레고 빨리 친해지고 싶어질지도 모른다. 그러나 가까운 사이에도 예의가 필요하다는 말이 있듯, 이미 친해진 사람에 대해서도 예의를 지키며 대해야 하는 법이다. 더군다나 처음 만나는 사람이라면 그 이상으로 배려해야 한다.

비서로 일을 해오는 동안에, 모두에게 신뢰받는 사람에게는 공통적인 교제의 비법이 있다는 점을 알게 되었다. 그 비법이란 사람과의 관계가 숙성되기를 기다릴 수 있다는 것이다.

신뢰받는 남자는 시간을 들여가며 정성스럽게 한 사람 한 사람과의 관계를 이어나간다. 마치 고급 비단실과 같은 관계다. 섬세하지만 광채를 띠고 있으며 끊어짐 없이 뻗어가는, 그런 느낌이다. 그 광채가 더해질 때고 있고 그렇지 않을 때도 있다. 서로의 입장이나 상황에 따라 관계가 깊어질 때도 있고, 때로는 조금 멀어지고 거리를 두게 되는 경우도 있어서 결코 일정하지 않다.

대부분의 사람이 이런 경험을 해보았을 것이다. 대학 시절에는 무척이나 사이가 좋아서 늘 함께 행동을 했던 친구였지만 취직을 계기로 그다지 만나지 않게 된다. 하지만 10년 만에 열린 동창회에서 다시 만나고, 이를 계기로 다시 교류가 조금씩 깊어져 간다. 혹은 여성이라면 이런 경우도 있을 수 있다. 같은 직장에서 근무하면서 무척이나 사이가 좋았던 동료가 결혼 후 퇴직을 한 것을 계기로 급속하게 멀어진다. 하지만 자신도 결혼하고 출산했을 즈음에 오랜만에 연락을 해서 육아 이야기꽃을 피운다. 이후에는 빠르게 이전과 같은 관계로 되돌아간다.

이처럼 사람과의 관계가 숙성하는 시기는 사람마다 또는 상황에 따라 다른 법이다. 그렇기 때문에 초조해하지 않고 서로의 인생을 걷는 리듬을 존중하는 것이 중요하다. 사람에게는 각각의 인생을 살아가는 다양한 페이스가 있고, 각각이 인생을 살아가는 방법도 다르다.

직장에서든 사적인 만남에서든, 빠르게 인간관계를 구축하려고 필사적인 사람을 많이 보았다. 하지만 역효과였던 경우가 많았던 듯하다. 연애와 마찬가지로, 비즈니스에서도 상대는 쫓으면 쫓을수록 도망간다. 따라서 자신이 '쫓기는 사람'이 되면 되는 것이다. 쫓기보다는 쫓기는 사람이 된다. 생각을 조금 바꾸는 것만으로도 내일부터의 행동이 달라질 것이다. 자신이 매력적인 사람이 되면 자연스럽게 주위에 사람들의 원이 만들어지고, 많은 사람들이 모여든다. 그리고 자신이 억지로 관계를 만들려고 할 필요가 없어지게 된다.

'처음 만남은 무척이나 인상적이었지만, 그 이후 전혀 연락이 없네'라고 했던 경험은 분명 누구에게나 있을 것이다. 사람과의 관계는 파도에 흔들리면서 다가올 때도 있고 멀어져갈 때도 있다. 그 사실을 마음속에 새겨두면 자신을 위한 처방전이 되기도 한다. '왠지 멀어져서 쓸쓸해'라는 서운한 감정이 들어도, '다시 어딘가에서 만나는 날이 오겠지'라고 생각하는 것만으로 마음이 편해진다. 그 사람과의 관계가 숙성되기를 기다려본다. 그런 마음의 여유를 가졌으면 한다.

신뢰받는 남자라면 공통적으로 알고 있는 '인간
관계의 비법'이 있습니다. 바로 사람과의 관계
가 숙성되기를 천천히 기다린다는 것입니다.
사람과의 관계가 숙성하는 시기는 사람마다,
상황마다 다른 법입니다.

20

신뢰받는 남자는

'관리'와 '지배'의 차이를 안다

　부하 직원들은 상사에 대해 매일 어떤 생각을 할까?

　'일일이 간섭하지 말고 좀 더 자유롭게 업무를 맡겨주면 좋을 텐데.'

　'매일 업무의 진행 상황을 보고하기 바빠……. 본래 업무에 좀 더 집중할 수 있었으면.'

　'이렇게 다양한 업무를 맡겨줘서 정말 기뻐! 의욕이 솟아. 상사를 위해서도 열심히 하자.'

　'매일 감시받는 느낌이 들어서 답답해. 좀 더 믿어주면 좋겠어.'

이처럼 누구나 마음속에는 상사에게 직접 말하기 어려운 여러 가지 생각들이 있을 것이다.

상사에도 다양한 타입이 있다. '매니지먼트'는 해도 '컨트롤'은 하지 않는 상사가 부하에게 신뢰받고 인기 있다. 그렇다면 '매니지먼트'와 '컨트롤'의 차이는 무엇일까.

매니지먼트는 '관리'라고 번역되는데, 신뢰받는 상사는 매니지먼트에 뛰어나다. 자신이 하고 싶은 것을 향해 사람과 상황을 적절하게 움직여서 많은 사람의 지원을 받으며 순탄하게 목표를 달성한다. 그러는 동안에 많은 사람의 신뢰와 감사를 받게 된다. 업무를 맡은 부하 직원은 상사에게 인정받았다고 생각해서 기뻐하며 점점 의욕이 생겨난다. 그런 상사와 함께 일하고 있으면 매일 회사에 가는 것이 즐거워진다.

한편, 내가 매니지먼트의 반대 표현으로 생각하고 있는 말이 '컨트롤'이데, 이는 '지배'로 번역된다. 신뢰받지 못하는 상사는 컨트롤을 하는 경향이 많다. 부하 직원을 사사건건 지배하려 하기 때문에 부하 직원은 답답함을 느끼며 의욕이 저하되고, 결과물도 나오지 않는다. 그 때문에 컨트롤은 더욱 심해지고, 부하 직원은 더욱 바빠지고 힘들어져서 결국 피폐해지는 악순환이 된다. 심해지면 공포정치처럼 변질되는 경우도 있다. 이런 상사 밑에서 일을 하면 매일 압박감 속에서 신경이 곤두선 채 일하게 되어, 무척이나 괴로워진다.

나는 매니지먼트에 뛰어난 상사, 그리고 엄격하게 컨트롤하는 상사 모두를 경험했다. 컨트롤하는 상사 밑에서 일하는 것은 정말로 괴로웠고, 스트레스 때문에 힘들었다. 그때마다 매니지먼트를 할 수 있는 사람과 컨트롤을 하는 사람의 차이는 도대체 어디에 있는 것일까, 하는 생각을 했다.

이 차이의 근본은 어디에 있는 것일까. 이는 기본적으로 '사람을 신뢰하는가' 한마디로 정리할 수 있다. 매니지먼트를 할 수 있는 사람은 상대방을 신뢰해서 상대방의 자유의사를 존중한다. 그렇기 때문에 다른 사람에게 계속해서 업무를 맡길 수 있으며, 중요한 부분, 집중해야 하는 부분에 모든 신경을 쏟을 수 있게 된다. 그 결과, 더욱 성과를 높여갈 수 있게 된다.

이와 반대로 컨트롤을 하는 사람은 기본적으로 상대방을 신뢰하고 있지 않기 때문에 상대방의 자유의사도 존중할 수 없다. 그 결과, 자신의 방식을 상대방에게 강요하거나, 사소한 것에 온 신경을 빼앗기게 된다.

정해진 입장, 부서, 조직에 모든 사람의 자유의사를 반영하는 것은 어려운 일이다. 그러나 기본적으로 서로의 자유의사를 존중한다는 바탕 속에서 업무를 진행할 수 있다는 것은 무척이나 행복한 일이다. 늘 상사의 눈치를 살피고 주춤거리면서 자신의 생각을 말하지도 못하고 오로지 시키는 대로 업무를 해나가는 환경과 자신의 생각을 주변 사람들에게 말하고 서로 격려하면서 성장해가는 환경. 상사에게도, 부하에게도 어느 쪽이 이상적인 직장 환경인지는 분명하지 않을까.

'관리'는 해도 '지배'는 하지 않는 상사가 부하에게 신뢰받습니다. 타인을 믿는 사람은 상대방의 자유의사를 존중해 업무 역시 믿고 맡깁니다. 그러나 상대방을 믿지 못하는 사람은 자신의 방식을 강요하며 일일이 지배하려 들게 됩니다.

21

신뢰받는 남자는

단호한
행동력이 있다

남을 험담할 때 자주 수군거리는 말이 있다. '그 사람은 입만 살았어'라는 말이다. 많이 들어본 말일 것이다.

말보다 행동으로 보여주는 것은 정말로 중요하다. 말에, 행동을 조금 더하는 것만으로도 인상은 완전히 달라진다. 만일, 직장에서 상사에게 꾸지람을 듣고 침울해 있는 동료가 있다고 하자. '괜찮아?'하고 말을 거는 것도 중요하지만, 한발 더 나가서 '오늘 점심에 약속 있어? 없으면 함께 맛있는 것 먹으러 가자'라고 질문해 보는 것은 어떨까. 그리고 함께 점심을 먹으면서 옆에서 가만히 이야기를 들어

준다. 침울해 있던 동료는 이야기를 들어주는 사람이 옆에 있어줘서 안심하며 조금 기운을 되찾을지도 모른다.

'행동'이라는 말을 들으면 무심코 긴장하게 되지만, 이런 작은 행동으로도 충분하다. 상대가 기뻐하면 자신도 행복한 기분이 든다. 말뿐만이 아니라 행동으로 옮김으로써 상대방과의 관계도 몰라보게 달라진다. 보다 친근감이 생기며 마음과 마음의 교류가 깊어진다. 그런 까닭에 말뿐만이 아니라 행동으로 보여주는 것은 매우 중요하다.

많은 사람에게 신뢰받는 임원은 그 행동의 소중함을 알고 있다. 그래서 신뢰받는 남자에게는 행동력이 있다. 신뢰받는 남자 밑에서 일하던 때의 일이다. 일반적으로 비서는 늘 자신의 자리를 지키고 있다는 이미지가 있지만, 행동력이 있는 상사와 일을 하면 비서에게도 행동력이 요구된다. 주위 사람들이 자주 '노마치 씨와 상사는 자리에 없는 두 사람으로 유명한 거 알아? 엉덩이가 가벼운가 봐'라고 얘기할 정도였다.

그 당시는 이전의 상사와 찾아간 적이 없는 곳까지 집중적으로 고객 방문을 했기 때문에 상사와 동행해서 출장을 나가는 일이 많은 시기였다. 고객에 대해 말뿐만이 아니라 실제로 걸음을 옮겨서 대응했던 것이다.

"자리에는 꼭 있어야 할 때만 있으면 돼. 요즘은 휴대전화만 있으면 어디에 있든 연락이 되니까 신경 쓰지 않아도 괜찮아."

상사는 이렇게 말했었다.

가능한 범위에서 자신의 일정을 공개하고 동료에게 자신이 있는 곳을 알려주면 실제로 업무에 별 지장이 없다. 상사는 '행동은 경험, 가장 소중한 보물'이라며 생각과 행동의 균형을 유지하는 것이 중요하다는 말을 자주 했다. 결국 머리만 계속 굴리면서 시간을 보내는 것이 아니라, 어느 정도 생각이 정리되면 실제로 행동으로 옮겨보는 것이 중요하다는 것이다. 100퍼센트로 완벽하게 생각을 정리하는 것보다, 70~80퍼센트 정도 정리된 상태에서 행동으로 옮긴다. 행동이 조금 빨랐나, 하는 생각이 든다고 해도 그 정도가 딱 적당했던 경우가 상당히 많다.

이처럼 신뢰받는 남자에게는 행동력이 있다. 말뿐만 아니라 행동이 동반하는 사람이 상대방의 신뢰를 얻을 수 있다. 말로는 무엇이든 할 수 있다. 진심으로 하는 말도 있지만, 거짓된 마음으로 하는 말도 있다. 이 사람을 신뢰할 수 있을까 고민스러울 때, 그 사람의 말이 아닌 행동을 보면 알 수 있다. 행동은 신뢰의 척도다. 모두에게 신뢰받던 상사에게 배운 소중한 교훈 중의 하나다.

행동은 신뢰의 척도입니다. 말이 아닌 행동을 보면 그 사람이 신뢰할 만한 인물인지 가려낼 수 있습니다. 말뿐만이 아니라 행동으로 옮김으로써 상대방과의 관계도 몰라보게 달라집니다.

22

신뢰받는 남자는

상대에 따라 태도를 바꾸지 않는다

갑자기 태도가 돌변하는 사람을 보았을 때, 당신이라면 어떤 느낌을 받겠는가. 분명 신뢰할 수 없는 사람이라며 거리를 두고 싶어질 것이다.

상대방의 직함이나 지위에 따라 태도를 순식간에 바꾸는 사람, 윗사람에게는 손바닥을 싹싹 비비고 아랫사람에게는 거만하게 구는 사람, 방금 전까지만 해도 친절하게 이야기하다가 갑자기 거만한 태도를 취하는 사람. 어느 직장이든 이런 사람이 분명 1~2명은 있을 것이다. 상대방에 따라 태도를 바꾸는 것은 신뢰를 잃는 가장 큰 원인이라고 생각한다.

어느 날 '저 사람은 상대방의 비위를 맞추는 것이 직업인가' 하는 생각이 드는 사람을 만나 크게 놀란 적이 있다. 때로는 사전 교섭도 필요하지만, 사전 교섭만으로 비즈니스는 이루어지지 않는다. 왜 그 사람은 다른 사람의 비위를 그토록 맞춰야 했을까.

스스로에게 자신감이 없고 주위 사람에게 신뢰받지 못하는 사람일수록 다른 사람에게 아첨을 해서 일을 진행하려는 경향이 있다. 다른 사람의 비위를 맞춤으로서 자기편을 만들어가는 것이다. 아첨하는 사람 주위에는 비슷한 사람들만 모인다. 그것은 서로 대가를 바라는 거짓 관계다.

신뢰받는 남자는 다른 사람의 비위를 맞추는 일이 없다. 왜냐하면 자연스럽게 주위에 사람들이 모여들기 때문에 다른 사람의 비위를 맞출 필요가 없다. 인기 있는 사람 주위에는 늘 많은 지지자가 있다.

또한 신뢰받는 남자는 상대방에 따라 태도를 바꾸는 행위를 하지 않는다. 어떤 사람에게나 대등하게 대한다. 출장지의 택시 운전기사, 잠시 들렀던 카페의 점원, 고속 철도의 판매원, 거래처의 사장……. 어떤 사람을 대할 때도 태도를 바꾸지 않는다. 물론 시간과 장소와 상황에 맞게 말투나 대하는 방식은 적절하게 바꾸지만, 갑자기 태도가 돌변하는 일은 없다. 늘 공정한 태도로 사람을 대한다. 모든 사람을 대등하게 대한다. 이런 태도가 신뢰를 얻기 위해 가장 중요한 것이 아닐까 생각한다.

여성이 남성의 태도에 크게 실망하는 순간이 있다고 한다. 늘 온화한 사람인데 레스토랑에 들어가 주문을 할 때는 갑자기 거만한 태도로 변모해서 아연실색하게 만드는 경우다. 요리가 늦게 나오면 잘난 척 훈계를 하기도 하고, 문제가 있으니 매니저를 부르라고 하기도 한다. 레스토랑에서 이런 장면을 본 사람들이 있을 것이다. 옆에서 불평을 하는 사람이 있으면, 주변 사람까지도 기분이 나빠진다. 만약 상사가 동석한 사원 식당에서 주문한 요리가 늦게 나온다고 같은 행동을 하는 사람이 있을까? 분명 상사의 눈이 있기 때문에 그런 행동은 하지 않을 것이다.

사람은 상대방이 인간적으로 존경할 수 있는지를 무의식 중에 보게 된다. 생글생글 웃으면서 이야기를 하던 사람이 갑자기 교만한 태도로 위세를 떠는 모습을 상상해 보자. 그런 사람을 과연 존경할 수 있을까? 그런 일상의 행동이 보이지 않는 것 같지만 의외로 드러나는 법이다. 다른 사람에게 아첨하지 않고 늘 공정하고 당당한 사람은 그것만으로도 멋지다. 그런 사람을 따르고 싶다고 생각하는 것이 나뿐은 아닐 것이다.

상대방이 누군지에 따라 돌변하는 태도는 신뢰를 잃는 가장 큰 원인입니다. 늘 공정하고 당당한 태도를 지닌 사람을 보면 인간적으로 존경하고 싶은 마음이 듭니다. 누구나 이런 사람을 따르고 싶다고 생각하기 마련입니다.

제4장

신뢰받는 남자는 '보이는 모습'도 관리한다

신뢰받는 남자는 겉으로 보이는 모습에도 무척 신경을 씁니다. 상황에 따라 주위 사람들에게 비춰지고 싶은 모습을 먼저 상상하고 결정합니다. 그리고 '그렇게 보일 수 있는 방법'을 고민해 자신을 연출합니다.

23

신뢰받는 남자는

스스로의 이미지를
창조하고 연출한다

중요한 시험이나 면접, 계약 협상, 프레젠테이션……. 가장 중요한 순간을 앞두고 '다른 사람에게 어떻게 보일까? 내가 생각한 이미지 그대로 연출할 수 있으면 좋겠는데'라고 생각한 적이 있을 것이다. 그 이미지가 정해지면 복장이나 액세서리, 머리 모양, 여성의 경우에는 화장 등으로 이미지에 맞는 자신을 연출할 수 있다. 하지만 실제로는 생각했던 이미지대로 연출하는 것은 쉽지 않다.

신뢰받는 남자는 겉으로 보이는 모습에도 무척 신경을 쓴다. 상황에 따라 주위 사람들에게 보이고 싶은 모습을 먼저 상상하고 결정한다. 그리고 '그렇게 보일 수 있는 방법'을 여러 가지로 고민한다. 그리고 연출 방법을 생각해 낸 후, 혼자만의 독선이 되지 않도록 '이거 어때?', '이거, 어느 쪽이 좋아?'라며 주위 사람의 의견을 수렴하고 결정한다. 나도 직장에서 '이 넥타이와 저 넥타이, 어느 쪽이 좋은 것 같아?' 같은 질문을 자주 받았다.

평상시에는 좀처럼 하지 않는 금색이나 주황색 넥타이처럼 화려하고 빛나는 넥타이는 대규모 회장에 수많은 청중이 있는 경우 무척이나 강렬한 인상으로 남는다. 회장의 규모는 어느 정도인지, 청중은 어떤 종류의 사람들인지, 프레젠테이션 내용은 어떤 것인지, 강단까지 어떤 식으로 걸으면 좋을지……. 다양한 각도에서 최고의 연출기법을 생각한다.

그렇게 해서 노출되는 모습은 당연히 '매력적인 모습'이다. 매력적인 모습이란 말 그대로 주변 사람들을 매료시키는 모습이다. 그냥 보이는 모습이 아니라 주변을 매료시키는 '매력적인 모습'까지 신경을 쓰는 것이 중요하다. 임원들은 임원 트레이닝의 일환으로, 미디어 트레이닝을 받는다. 취재를 받을 기회나 사내외의 프레젠테이션을 할 기회가 많기 때문에 사람들에게 비칠 자신의 매력적인 모습을 연구하는 것이다.

어느 날, 미디어 트레이닝을 세 번째 받았다는 상사와 이야기를 했을 때의 일이다. 그 상사는 각각의 장소에 따라 순식간에 자신의 이미지를 만들어내고 연출하는 데에 뛰어난 사람이었다. 그래서 미디어 트레이닝에서는 어떤 것을 배우는지 물어보았다.

"간단하게 말하자면 자기가 자신의 프로듀서가 되고 연출가가 되는 법을 배우는 거지."

"그렇군요. 하지만 어떻게 하면 순식간에 그 장소에 어울리는 이미지를 만들 수 있는 것이죠? 무슨 비결이라도 있습니까?"

"우선은 자기가 자기 최고 팬이 된다고나 할까."

"자기가 자기의 팬이 된다……. 조금 거부감이 드는데요."

"그럴 거야. 대부분은 그 지점에 거부감이 있기 때문에 다른 사람과 똑같은 모습밖에 연출할 수 없는 법이거든.

그 부분을 극복하면 크게 변하지."

자기가 자기의 팬이 된다. 정말로 그렇게 되었을 때, 자신이 자신의 프로듀서가 되고, 연출가가 되는 것이 무척이나 즐거워진다고 한다.

여러 가지 얼굴을 가진 다면적인 자신을 즐긴다. 신뢰받는 남자는 보이는 모습에서 한 단계 위인 매력적인 모습을 의식한다. 그러기 위해서는 자신의 매력을 깨닫고 그것을 받아들이고 인정하는 것이 첫걸음이 된다. '매력적인 모습'을 키우기 위해서는 자신의 매력을 알아야 한다. 지금까지 부끄러워서 자신의 매력을 직시할 수 없었던 사람은 먼저 마음 편한 친구에게 자신의 매력을 물어보는 것부터 시작해보는 것도 좋을 것이다.

신뢰받는 남자는 겉으로 보이는 모습에도 무척 신경을 씁니다. 상황에 따라 주위 사람들에게 비춰지고 싶은 모습을 먼저 상상하고 결정합니다. 그리고 '그렇게 보일 수 있는 방법'을 고민해 자신을 연출합니다.

24

신뢰받는 남자는
웃을 때
눈도 웃는다

　최근 취재를 받을 때 자주 듣는 질문이 있다. '오랜 기간 비서로서 일하면서 수천 명의 사람을 만났을 텐데, 처음 만난 사람이 신뢰할 수 있는 사람인지 구분할 수 있는 간단한 방법이 있겠느냐'는 질문이다.

　사람에게는 신뢰할 수 있는 사람과 신뢰할 수 없는 사람을 구분하는 판단 기준이 잠재되어 있다. 누군가와 이야기를 하다 보면 왠지 '이 사람은 신뢰할 수 있을 것 같다', '이 사람은 말과 속마음이 다른 듯한 기분이 든다', '하는 말이 가슴에 와 닿지가 않는다'고 생각한 순간이 있을 것이다.

그것은 자신도 모르는 사이 사람을 구분하는 센서가 작동하고 있기 때문이다.

내 대답은 더없이 간단하다. 얼굴은 웃고 있어도 눈은 웃고 있지 않은 사람, 입가에 미소를 띠면서도 눈에 웃음기가 없는 사람, 내 경험상 이런 사람은 주의해야 할 인물이다. 무언가 거짓말을 하고 있는 것이기 때문에 어느 정도 거리를 두고 대하는 편이 좋다. 그런 사람과 이야기를 하고 있으면, '이 사람은 무언가 진심으로 이야기하는 것 같지가 않아', '얼굴을 보며 얘기를 하고 있는데 그 말이 가슴에 울리지가 않아'라는 생각이 들어 대화가 겉도는 느낌이 든다.

대부분의 비서는 순식간에 사람의 거짓말을 간파하는 힘을 갖고 있다. 비서는 다른 사람과 상사를 연결하는 통로다. 상사를 만나기 위해 많은 사람은 비서인 나를 찾게 된다. 방문한 사람들의 이야기를 듣다 보면 살며시 다른 본심이 보일 때도 있고, 다양한 의도가 엿보이기도 한다.

분 단위로 움직이는 바쁜 상사에게, 다른 사람이 한 말을 있는 그대로 전하는 것은 비서로서 실격이다. 내용을 확실하게 파악해서 지금 당장 전해야 하는 사항인지, 정말로 전할 가치가 있는 일인지, 어떤 식으로 전해야 빨리 전달될 수 있는지, 그 정보에 신빙성은 있는지 등 여러 가지로 생각한 후에 전한다.

오랜 기간 비서로 일하다 보면 전달 방식에 대한 감각이 생겨난다. 그 사람이 말하고 있는 내용이 신뢰할 수 있는 것인지 아닌지, 그 사람은 신뢰할 수 있는 사람인지 아닌지를 파악하는 것은 비서로서 일하는 데에 무척이나 중요한 핵심이었다.

많은 사람을 만나면서 알게 된 것은, 눈을 보면 그 사람을 알 수 있다는 것이었다. 눈에는 진실이 숨겨져 있다. 눈을 보는 것만으로 그 사람의 본질을 알 수 있다. '눈은 입만큼 많은 것을 말한다'라는 속담이 있듯이, 눈은 상상 이상으로 많은 진실을 이야기하고 있다. 속일 수가 없다. 눈이 웃고 있지 않은 사람은 마음도 웃고 있지 않은 것이다. 누구도 그런 사람을 신뢰하지 않는다.

신뢰받는 남자는 웃을 때 눈도 웃고 있다. 마음으로 즐거워서 웃으면 눈에도 그 즐거운 감정이 자연스럽게 담기는 법이다. 그것이 자연스러운 모습 아닐까? 그런 사람은 안심하고 대할 수 있다. 상대방에 대한 안도감 없이 상대방을 신뢰하는 것은 어려운 일이다.

눈에는 많은 표정이 있다. 공허한 눈, 초조한 눈, 내리뜨는 눈, 당당한 눈, 즐거운 눈, 활력이 있는 눈. 눈을 보면 그 사람의 본질을 알 수 있다. 당신은 자기 눈의 표정을 의식한 적이 있는가? 눈에는 진실이 숨겨져 있다.

눈을 보면 그 사람의 본질을 알 수 있습니다.
신뢰받는 남자는 웃을 때 눈도 웃고 있습니다.
눈에 즐거운 감정이 자연스럽게 담기기 때문입
니다. 눈에는 많은 표정과 진실이 숨겨져 있습
니다.

25

신뢰받는 남자는
눈에
광채가 있다

눈이 반짝반짝 빛나는 사람을 보고 무심코 그 눈동자에 매료되었던 경험이 있는가? 사람을 매료시키는 눈동자를 가진 사람, 반짝반짝 빛나는 눈동자를 가진 사람, 촉촉하고 윤택이 있는 눈동자를 가진 사람 말이다. 나는 빨려들 정도로 멋진 눈동자를 만난 적이 있다. 눈을 떼지 못하고 철도 플랫폼에 멈춰 서서 가만히 바라보았던 경험도 있다. 각각의 눈의 표정, 분위기는 다르지만 그런 사람들의 눈에는 '힘'이 있다.

'눈에 힘이 있네!'라는 말이 칭찬이라는 것을 알게 된 것은, 이직을 위한 면접에서였다. 내가 한 기업에 채용될 수 있었던 결정적인 이유는 잠재력, 함께 있으면 즐거울 듯한 느낌, 그리고 '눈의 광채'였다. 이것은 채용 후에 상사에게 직접 들은 이야기다. 채용 시험이라고 하면 실무적인 능력을 평가하는 것으로 생각하기 쉽지만, 의외로 이런 인간적인 부분도 보고 있는 것이다. 광채 나는 눈빛은 때로 인생을 바꿀 정도의 영향력을 갖고 있다.

신뢰받는 남자는 눈의 힘이 무척 강한 법이다. 그 힘이란 '생명력'이다. 눈에 힘이 있는 사람은 활달하고, 의욕적이고, 인생을 적극적으로 살아가는 사람이다. '앞을 향해 힘차게 살아가자!'라는 그 사람의 인생관이나 사는 모습이 눈에 투영되고 있기 때문일 것이다. 생명력이 눈에 깃들어 있는 것이다. 그 때문에 힘 있는 눈에는 사람을 끌어당기는 매력이 있다. 리더 가운데에는 힘 있는 눈을 가지고 있고, 눈동자가 반짝이는 사람이 많다.

심지어 한 상사는 '눈의 힘'을 키우기 위해 작은 도구까지 휴대하고 있었다. 그것은 다름 아닌 안약이었다. 오사카 출장을 위해 고속 철도를 타고 가던 중의 일이다. 상사가 안약을 갖고 있어서, 눈이 안 좋은지 물어보았다.

"눈이 불편해 보이는데, 괜찮으세요?"

"그런 게 아니야. 안약은 설명회 직전이나 중요한 사람과 만날 때 사용하는 거네."

"네? 그런 거군요."

"노마치 씨도 중요한 일이 있을 때는 안약을 사용해보게. 주위 반응이 변한다네."

"어떤 효과가 있습니까?"

"자신이 전하고 싶은 내용이 청중의 마음에 보다 깊게 울린다고 해야 하나. 눈과 눈으로 대화하는 느낌이 들지."

"그 말씀은 청중의 마음을 보다 쉽게 사로잡을 수 있다는 것입니까?"

"그렇지. 회의장에 일체감이 형성되고, 그 이후 진행이 무척 편해진다네."

눈과 눈으로 대화한다. 그 상사는 '눈은 입만큼 많은 것을 말한다'는 사실을 말 그대로 실천해서, 안약을 사용해 '눈의 힘'을 높이고, 보다 효과적인 프레젠테이션을 연출하고 있었던 것이다.

촉촉한 윤기에 반짝이는 눈동자는 무척이나 매력적이다. 눈동자가 아름다운 사람들이 모이는 직장은 활기가 있고 즐거워 보인다. 즐거워 보이는 분위기의 장소에는 마찬가지로 즐거운 사람이 모인다. 눈의 힘을 믿고 눈을 크게 뜬 채 당당하게 걸어보자. 사람을 만나 대화할 때, 평상시보다 힘 있는 눈빛을 의식하며 대화를 해본다. 시선을 올리는 법, 내리는 법, 시선을 처리하는 법에 신경을 써본다. 일단은 '이거라면 나도 할 수 있어!'라고 생각되는 작은 것부터 시작해 보는 것은 어떨까? 주변 사람들의 반응이 바뀔 것이다.

신뢰받는 남자는 눈의 힘이 무척 강합니다. 눈에 힘이 있는 사람은 활달하고, 의욕적이고, 인생을 적극적으로 살아가는 사람입니다. 광채나는 눈빛은 때로 인생을 바꿀 정도의 영향력을 갖고 있습니다.

26

신뢰받는 남자는

등으로도
말을 한다

부하 직원을 둔 상사라면 누구나 반드시 생각하는 것이 있다. 그것은 '부하 직원에게 사랑받고 신뢰받는 상사가 되고 싶다!'라는 것이다. 하지만 부하 직원에게 직접 '나를 상사로서 신뢰하고 있나?'라고는 차마 물어볼 수도 없고, 물어보는 것 자체가 난센스다. 그리고 무엇보다 남자의 자존심이 허락하지 않는다.

그렇다고는 해도 솔직히 '부하 직원이 정말로 나를 따르고 있는 건가?'라는 생각에, 불안하고 불안해서 견딜 수가 없는 나날이 이어진다. 이런 모습을 부하 직원이 눈치라도 채면 모양새도 좋지 않고……. '도대체 어떻게 하면 될까?'라고 머리를 쥐어뜯은 사람도 많을 것이다.

나는 10년 동안의 비서 인생 속에서 그런 고민을 가진 사람을 숱하게 만나왔다. 특히 이런 생각은 승진해서 지위가 높아지고, 처음으로 부하 직원을 갖게 된 사람의 주된 고민이며, 최초의 관문인 듯하다. 때로는 '노마치 씨, 부하 직원이 나를 신뢰하고 있는지, 술자리에서 살짝 물어봐 주지 않겠나?'라고 몰래 부탁받은 경우도 있었다. 그 정도로 상사는 신뢰에 대해 예민하다.

한편 나의 상사는 주위 사람들이 자기를 어떻게 생각하는지에 대해 특별히 신경을 쓰는 것 같지도 않았으며, 탁월한 집중력으로 업무에 매달리고 있었다. 그럼에도 다른 부서에 소문이 돌 정도로 인기가 있었고, 어느새 많은 사람의 신뢰를 얻고 있었다.

도대체 무엇이 다른 걸까? 사실 신뢰받는 남자는 '다른 사람에게 신뢰받는 남자가 되자!'라고 노력하지 않는다. 역설적으로 들릴지도 모르지만, 그것이 사실이다. 신뢰받으려고 노력하면 할수록 상대방은 멀어지는 법이다. 신뢰받고 싶다는 강한 의지가 상대방에게 압박이나 긴장감을 주는 것이다.

그렇다면 신뢰받는 남자가 되기 위해서는 어떻게 해야 할까. 일단은 자신이 먼저 좋은 모델이 되어야 한다. 부하 직원뿐만 아니라 주변 사람들은 당신의 '등'을 보고 있다. 마치 아이가 부모의 등을 보고 자라는 것과 마찬가지다. 나는 비서로서 많은 '등'을 보아왔다. 쓸쓸해 보이는 등, 무언가 이야기하고 싶어 하는 등, 낙담한 채 축 처진 등, 의기양양한 등, 기쁜 듯한 등. 사람의 등을 통해 그 사람의 기분을 느낄 수 있다는 것을 알게 된 것은 비서로서의 업무에 여유를 가질 수 있게 되었을 무렵이었다.

특히 여성의 등보다 남성의 등이 더 많은 감정을 표현하고 있는 듯이 보여 신기하다. '내게 무언가 말을 걸고 있어'라는 느낌이 든다. 신뢰를 받고 있는지 궁금해서 견딜 수가 없는 경우, 그 사람의 등도 불안감으로 가득하다. 주변 사람들은 그 감정을 그대로 받게 된다. 중요한 것은 신뢰를 받고 있는지 아닌지에 대한 불안감에 휩싸이지 않도록 하는 자세다. 불안감에 들볶이는 시간을 기분 전환해서 집중할 수 있는 다른 일에 쓰도록 한다.

　결국, 자신이 주위 사람에게 신뢰받고 있는지 아닌지 의식하지 말고, 자기 자신을 응시하며 지금 할 수 있는 일에 집중하는 것이 중요하다. 신뢰받는 남자는 자기 자신에게 의식을 집중하고 있기 때문에 늘 자신감으로 가득하고 '의기양양한 등'을 보이고 있다.

　누구에게나 '나도 앞으로 ○○○ 씨 같은 사람이 되고 싶다'고 생각하는 선망의 인물, 존경의 인물이 있을 것이다. 사람들은 그런 인물의 등에 강하게 매료된다. 그리고 점점 자신의 모범, 롤 모델로서 그 사람을 보게 되는 것이다. 자신이 그런 선망의 존재가 되는 것, 그것이 신뢰받는 남자가 되기 위한 비결이라고 생각한다. 그러기 위해서는 지금 자신의 등이 다른 사람에게 어떤 인상을 주고 있는지 의식해보는 것부터 시작하자. 자신이 생각하는 것보다 더 많은 것을 등은 말하고 있다.

신뢰받는 남자는 자기 자신에게 의식을 집중하고 있습니다. 늘 자신감으로 가득하고 '의기양양한 등'을 보일 수 있는 이유입니다. 자신이 주위 사람에게 신뢰받고 있는지 아닌지만 의식하지 말고, 자기 자신을 응시하며 지금 할 수 있는 일에 집중하는 것이 중요합니다.

27

신뢰받는 남자는
경험을 매력으로 만든다

매력이라는 말을 들으면 어떤 것이 연상되는가? 그 사람이 자아내는 분위기, 말투 같은 것을 떠올릴 것이다. 내가 여기서 말하는 매력이란 여성이 남성에게 느끼는 매력이나, 남성이 여성에게 느끼는 매력이 아니다. '인간으로서의 매력'이다.

눈에 보이지 않는 것이기 때문에 표현하기가 어렵지만, 다음과 같은 느낌이다. 친구, 선배, 후배 등 주위 사람들을 네 개의 계절에 대입해보자. 봄처럼 쾌활한 분위기가 있는 사람, 가을처럼 차분한 분위기가 있는 사람…… . 의외로 사람들은 봄, 여름, 가을, 겨울 각각의 계절에 꼭 들어맞지 않는가? 이처럼 '인간으로서의 매력'은 그 사람이 갖고 있는 분위기 같은 것을 말한다. 신뢰받는 남자에게는 인간으로서의 매력이 있다.

인간으로서의 매력이 있는 사람은 연령이나 성별을 불문하고 절대적인 인기가 있다. 어느 날, 남자 동료가 이런 말을 했다.

"노마치 씨의 상사에게는 뭐라고 표현하기 힘든 매력이 있어."

동성인 남자에게 매력있다는 말을 듣는 남자는 상당한 인기가 있는 사람이다. 성별을 초월한 '인간으로서의 매력'이 있는 것이다. 마치 와인이 숙성되어 좋은 향기를 발하듯, 인간으로서의 매력이 있다는 것은 성숙한 풍미가 우러나오는 것이라고 생각한다.

'사람으로서의 깊이가 있다.'

수천 명의 사람과 만나는 동안에 알게 된 것이 있다. 사람이 갖고 있는 깊이 즉, 매력은 그 사람이 쌓아온 경험과 역사에 관련되어 있다는 점이다. 나무에 나이테가 있듯이,

사람에게는 연륜이 있다.

좀처럼 하기 힘든 경험을 한 사람이나 자신이 정한 목표를 향해 무섭게 돌진해서 기록적인 결과를 남긴 사람에게는 보다 깊은 매력이 있다. 한번 그 매력을 깨닫게 되면, 좀처럼 마음에서 떼어놓을 수 없는, 그런 매혹적인 요소를 갖고 있다. '이 사람은 뭔가 달라. 좀 더 이야기를 듣고 싶어'라는 마음이 들게 하는 사람, 당신도 그런 사람을 만난 적이 있을 것이다. 인간으로서의 매력을 가진 사람은 사람을 매료시키는 마력이 넘치고 있기 때문에, 많은 사람을 한번에 움직일 수 있는 수완을 갖고 있다. 상사나 리더로서 일을 하는 사람에게는 부러운 이야기다.

그 사람의 매력을 발산시키는 것은 경험이다. 경험은 인생 최고의 보물이라고 생각한다. 외국 여행을 하고 싶어하는 어떤 사람이 인터넷으로 정보를 모으는 단계에서 왠지 이미 여행을 다녀온 기분이 들어 실제로 움직이지 않고 끝내버렸다고 한다. 이렇게 해서는 사실적인 경험이 쌓이지 않는다. 실제로 그 나라에 가봐야 비로소 진짜 경험을 맛볼 수 있는 것이다. 실제 경험에는 인터넷만으로는 알 수 없는 것이 많이 담겨있다. 머릿속으로 아무리 생각하고, 아무리 상상해보아도 실제의 경험을 이길 수 있는 방법은 없다.

두려워하지 말고, 귀찮아하지 않고, 무엇이든 경험을 해본다. '왜 이런 일이 생겨버린 걸까'라고 그때는 받아들이지 못한 채 자포자기했던 예상치 못한 해프닝이, 나중에 되돌아보면 지금까지와는 전혀 다른 세계, 새로운 무대로 데려다 주었다는 것을 깨닫게 되는 경우도 있다. 한번이라도 그런 경험을 한 적이 있는 사람은 도전자처럼, 계속해서 무언가를 헤쳐나가는 개척자처럼 손쉽게 행동으로 옮길 수 있게 된다. '그 사람이 그렇게 말했으니까', '지금은 이런 상황이니까'와 같이 다른 사람이나 환경 탓을 하는 사람은, 실은 스스로 자신의 행동을 제한하고 있는 경우가 많다. 사실적인 경험을 통해 여러 가지 것을 체득해간다. 진정한 경험이야말로 당신의 인생을 다채롭게 한다. 거기에서 '인간으로서의 매력'이 향기를 발하게 된다. 내일부터 조금 용기를 내어, 행동하는 것이 즐겁다고 생각할 수 있는 인생을 살아보는 것은 어떨까.

나무에 나이테가 있듯이, 사람에게는 연륜이 있습니다. 한 사람이 쌓아온 경험과 살아온 인생은 그 사람의 매력과 관련되어 있습니다. 두려워하지 말고 무엇이든 경험하다 보면 인생이 다채로워질 뿐 아니라 인간으로서의 매력이 드러나게 됩니다.

'왠지 신경이 쓰이는 존재'이다

기업뿐만 아니라 어떤 조직이나 모임에도 '신경이 쓰이는 존재'가 있다. 무심코 시선이 간다든가, 특별한 용무가 없는데도 이야기를 걸고 싶어지는 사람이 있는 법이다. '오늘 ○○○ 씨 넥타이 눈에 띄던데. 분명 중요한 일이 있을 거야'라는 식으로 본인 모르는 곳에서 화제에 오르는 사람 말이다.

또한 최근에는 만나지 못했지만 '그 사람 지금은 어떻게 지내고 있을까'라며 떠오르는 사람도 있다. '전에 만났을 때는 회사를 막 그만둔 뒤였는데, 지금은 어떻게 지내고 있을까?', '실연당해 힘들어 보이던데 지금은 괜찮아졌을까?'하는 식으로 관심을 보내게 되는 사람이다. 이처럼 친구나 주변 사람들에게 '신경이 쓰이게 하는 존재', '관심을 끄는 존재'가 된다는 것은 무척이나 기쁜 일이다.

신뢰받는 남자는 누구나 관심을 보이는, '관심을 끄는 존재'다. 단지 그곳에 있는 것만으로, 때로는 본인이 그곳에 없어도 화제에 오르게 된다. 화제에 오르는 사람에게는 어딘가 사람의 눈을 끄는 요소가 있다. 그런 사람은 다른 이에게는 없는, 무언가 반짝하고 빛나는 것을 갖고 있다. 그 반짝하고 빛나는 것을 갈고닦다 보면 점점 그 빛이 더해간다. 그 사람의 '개성'이 빛나게 되는 것이다.

만약 자신이 관심을 끄는 존재가 된다면 어떤 일이 일어날까? 관심을 끄는 존재가 되면 곳곳에서 자연스럽게 말을 걸어오게 된다. '그 사람의 그런 부분이 멋지기 때문에', '그 사람의 그런 부분이 공감이 가기 때문에'라는 식으로, 마치 자신이 유인이라도 한 듯 다양한 사람이 모여든다. 결국 관심을 끄는 존재란 '만나보고 싶은 사람'인 것이다.

자신이 '저 사람을 만나보고 싶다!'라며 다가가기 전에,

상대방이 '당신을 만나고 싶다'라고 생각하게 하는 것이 행복하지 않을까? 대부분은 '저 사람을 만나고 싶다'고 생각한 순간, 그렇게 하기 위해서 어떻게 하면 좋을지, 열심히 그 방법을 찾는 데에 많은 시간을 소비한다.

그러나 사실은 반대 방향으로 행동해야 한다. 상대방을 향해 '나는 저 사람을 만나고 싶다'고 떠올리지 말고, 나를 향해 '그 사람이 나를 만나고 싶어 하도록' 바꾸는 것이 중요하다. '만나고 싶다'는 생각이 들게 하는 사람이 되는 것, 그것이 신뢰받는 남자의 인맥 기술이다. 자신이 먼저 '신경 쓰이는 존재'가 되는 것이다.

상사가 자주 하던 말이 있다.

"인맥을 늘리고 싶다면 밖으로 눈을 돌릴 것이 아니라, 안으로 눈을 돌려야 해. 대부분의 사람은 시선을 밖으로 향한 채 다양한 사람을 만나러 다니지만, 거기에 힘을 쓸 필요가 없어. 대신 자기 자신에게 눈을 돌려보는 거야. 만나고 싶다는 마음이 들게 하는 사람이 되는 거지. 거기에 시간과 에너지를 써야 해."

리더들의 인맥 만드는 방법에 대해 처음으로 알게 된 순간이었다.

'만나고 싶다'는 생각이 떠오르게 하는 사람이 된다. '관심을 끄는 존재'가 된다. 그러기 위해서는 안으로 눈을 돌려 자신의 '개성'에 다가가는 시간을 가져본다. 누구에게나 반짝하고 빛나는 부분은 반드시 있다. 다른 사람보다 많은 시간을 보내고 있는 일, 주변 사람보다 오랫동안 몰두해 있던 대상……. 이런 것에 자신을 반짝이게 하는 힌트가 숨겨져 있다.

자신이 상대방을 만나고 싶다고 원하는 입장에서, '당신을 만나고 싶다'는 말을 듣는 입장으로! 이렇게 발상의 전환을 한다면 앞으로 만나갈 사람, 교류할 사람의 종류가 크게 변할 수 있다.

'내가 저 사람을 만나고 싶다'고 떠올리지 말고, '그 사람이 나를 만나고 싶어 했으면 좋겠다'라며 발상의 전환을 하는 것이 중요합니다. 인맥을 늘리고 싶다면 밖으로 눈을 돌릴 것이 아니라, 안으로 눈을 돌려야 합니다.

29

신뢰받는 남자는
걸음걸이에
품격이 있다

등을 쭉 펴고 상쾌하게 걷는 사람의 모습을 보면 저절로 시선이 가게 된다. 고양이처럼 등을 구부리고 눈을 내리깐 채 터벅터벅 걷는 사람, 가슴을 펴고 똑바로 앞을 향해 당당하게 걷는 사람······. 거리에 나가 사람들이 걷는 모습을 주의 깊게 보면 참으로 다양한 모습이 있다는 사실에 놀라게 될 것이다.

당신은 평상시 자신이 어떤 모습으로 걷고 있는지 생각해 본 적이 있는가. 분명 그런 생각은 해본 적도 없다는 사람이 많을 것이라고 생각한다. 나도 내가 걷는 모습에 대해, 비서라는 직업을 갖기 전까지는 전혀 생각해본 적이 없었다. 사실은 나도 어떤 사건을 계기로 걸음걸이를 의식하게 되었던 것이다.

그날은 아침 일찍 고객의 항의 전화가 있었다. 고객은 무척이나 화가 나 있었다. 그 사람은 나고야에서 영향력이 있는 오피니언 리더였다. 상사와 함께 사죄를 하러 서둘러 나고야에 가기로 했다. 오후 스케줄이 완전히 취소될 상황이었기 때문에 쫓기듯 일정을 변경해야 했고, 한편으로 나고야에 갈 준비도 해야 해서 순식간에 오전이 지나갔다. 사무실이 마루노우치 지역에 있었으니 도쿄 역까지 걸어갈 수는 있었지만, 시간 여유가 별로 없었다. 그래도 회사를 나설 때까지는 동료 모두에게 '다녀올게'라고 얘기를 하며 천천히 걸어갔다.

그런데 회사를 나오자마자 마루노우치 중앙거리부터 갑자기 상사가 '뛰어!'라고 외쳤고, 신칸센 플랫폼까지 달려 간신히 전철을 탈 수 있었다. 신칸센에 승차한 후 겨우 한숨 돌리고 있을 때, 왜 갑자기 뛰었는지 상사에게 물어보았다.

"갑자기 뛰게 해서 미안하네. 하지만 비즈니스 세계에서는 어떤 경우에도 사무실에서 뛰어서는 안 돼. 부정적인 인상을 주게 되니까."

이처럼 임원은 아무리 바빠도 회사에서 뛰는 일이 없다. 급하더라도 당당하게 걷는 것이다.

신입사원 연수 때 회사에서는 뛰면 안 된다고 배운 사람도 많이 있을 것이다. 하지만 그래도 사내에서 뛰는 경우는 흔히 있다. 사내에서 뛰는 것은 생각 이상으로 주위 사람들에게 부정적인 인상을 주게 된다. 침착하지 못한 사람, 늘 허둥대는 사람, 시간 관리를 못 하는 사람 등 모두 부정적인 인상뿐이다. 반면 사내에서 우아하고 아름답게 걷는 사람은 어떤 인상을 줄까? 단정한 사람, 여유가 있는 사람, 능력 있어 보이는 사람, 품위가 있는 사람 등 긍정적인 인상을 주게 된다.

신뢰받는 남자는 걷는 모습이 무척이나 우아하고 아름다운 법이다. 왜냐하면 걷는 모습이나 속도가 주위 사람들에게 얼마나 큰 영향을 미치는지 알고 있기 때문이다. 임원은 행동거지의 전문가다. 시간과 장소와 상황에 따라 걷는 속도를 바꿀 정도다. 우수 고객을 만날 때는 평상시보다 천천히, 땅을 다지는 듯한 느낌으로 걸어서 여유 있는 분위기를 만든다. 협상이 잘 진행되도록 걷는 방법까지 고려하고 있는 것이다. 나는 통역을 하는 경우도 많았기 때문에 상사와 동행하는 기회가 많았다. 걷는 속도나 모습, 멈춰서 있을 때의 서 있는 모습, 서는 위치……. 그 행동거지의 다양한 변화에 놀랐고, 마침내 나도 따라 하게 되었다.

신뢰받는 남자는 걸음걸이의 영향력을 알고 있다. 사람들은 남들이 걷는 모습을 유심히 바라본다는 점을 잊지 말자. 무심코 등을 굽히고 걷는 사람은 등을 곧게 펴고 걸어 본다. 보폭이 좁아 종종걸음을 걷듯이 보이는 사람은 보폭을 크게 해서 천천히 당당하게 걸어 본다. 지금 자신의 걸음걸이를 한번 체크해보는 것은 어떨까. 걷는 모습을 바꾸는 것만으로도 인상은 크게 바뀐다.

우아하고 아름답게 걷는 남자는 단정한 사람, 여유 있는 사람, 능력 있는 사람이라는 인상을 남깁니다. 사람들은 남들이 걷는 모습을 유심히 바라봅니다. 걷는 모습을 바꾸는 것만으로도 인상은 크게 바뀝니다.

제5장

신뢰받는 남자는
자신을 신뢰한다

자기를 신뢰하고 있는 사람은 동요하지 않는 확고한 신념을 갖고 있습니다. 주인공이 되어 인생을 보내기 위해서는 자기 자신을 신뢰하고 자신의 중심을 갖는 것이 무엇보다 중요합니다. 자기가 자신을 신뢰하는 것이 인생의 주인공이 될 수 있는 '비밀의 열쇠'입니다.

30

신뢰받는 남자는

로망을
현실화한다

남자라면 누구나 가슴에 품고 있는 '남자의 로망'이 있다. 남자의 로망이라고 하면 어떤 것이 연상되는가. 나는 로망이란 희망과 꿈, 그리고 더욱 깊숙한 곳에 숨겨져 있는 무엇이라고 생각한다. 사람에 따라서는 그 로망을 몰래 품고 있는 사람이 있는가 하면, 늘 여러 사람들에게 이야기하는 사람도 있다.

그 로망을 이끌어내는 이야기를 시작하면 남자는 무척이나 즐거워한다. 물 만난 고기처럼 행복하게 이야기를 해준다. '미래에 긴자에서 개인전을 열고 싶다', '언젠가 직접 디

자인 한 자동차를 타보고 싶다', '전세계에 상영할 영화를 만들고 싶다' 등 십인십색, 여러 가지 생각이 있는 듯하다.

그런 이야기를 듣는 것은 나도 무척이나 좋아해서 '대단해, 정말 재밌겠어!'라고 맞장구치며 몇 시간이나 이야기를 듣는 경우가 자주 있다. 평상시에는 무척이나 냉정하고 조용한 사람이 사실은 그런 생각을 하고 있다니, 라며 내심 놀란 적도 여러 번 있었다.

어느 날, 문득 생각한 것이 있다. '남자의 로망'을 로망으로 끝내지 않는 사람이 멋있다는 것이다. 현재의 상태에서는 이룰 수 없는, 장대한 로망이라고 해도 한 발 한 발 그 로망을 향해 가고 있는 사람을 보면 정말로 매력적이다. 조금씩이라도 스스로 행동하고 앞을 향해 나아가는 모습에 매료되고, 응원하고 싶어진다.

하지만 10년이 지나도 똑같은 상황에서 똑같은 이야기만 하는 사람이라면 어떨까. 오랜 기간 직접 요트를 조정해보고 싶다고 생각하고 있는 A씨가 있다.

"노마치 씨, 이번에는 여름에 요트에서 식사를 해보고 싶어. 바닷바람이 기분 좋겠지."

"선박 운행 자격증은 따셨습니까?"

"아니, 아직이야……."

"어떤 요트를 좋아하세요?"

"가격에 따라 천차만별이라, 지금은 뭐라고 말 할 수가 없어."

"요트를 타 본 적은 있습니까?"

"아니, 아직 없어."

실례되는 말이지만, 자신은 계속 로망을 갖고 있는 멋진 사람이라며 자기 자신에게 완전히 취해 있는 듯했다.

그러나 매년 같은 이야기를 하고 있으면 '언제까지 같은 말만 하고 있으려나……. 벌써 10년이 지났는데도 하나도 변한 것 같지가 않아. 혹시 우유부단한 성격인가?'하고 점점 부정적인 인상을 받게 된다. 모처럼의 로망인데, 안타까운 일이다.

커다란 이상의 바다에 몸을 맡기고, 미래를 꿈꾸는 시간은 더없이 행복한 순간일 것이다. 자신의 무한한 가능성을 느낄 수 있는 시간이니 말이다. 하지만 꿈을 꾸고 있는 것만으로 로망은 이루어지지 않는다. 마치 영원히 같은 곳에서 제자리걸음을 하고 있는 느낌이다.

그 걸음을 현재의 위치에서 조금 앞으로 옮겨본다. 머릿속으로만 계속 생각했던 것을 조금씩이라도 실제 행동으로 옮겨본다. 그러면 서서히 길이 열리지 않을까.

'그러고 보니 나도 몇 년 동안 같은 이야기만 하고 있군'이라는 생각이 들었다면, 로망을 말하는 시간의 10퍼센트 정도를 작은 행동으로 옮기는 시간으로 바꿔보자. 로망을 로망으로 끝내는 것은 안타까운 일이다. '남자의 로망'은 로망으로 끝나지 않는 편이 멋지다고 생각되지 않는가? 우선은 자신이 로망에만 너무 심취해있는 것은 아닌지 확인해보는 것도 좋을 것이다. 로망에 취해있지 않고 현실로 실현할 수 있는 사람, 무척이나 멋지고 신뢰할 수 있는 느낌이다.

'남자의 로망'은 현실로 실현될 때 진정으로 멋있습니다. 장대한 꿈이라고 해도 한 발 한 발 향해 가고 있는 사람을 보면 정말로 응원하고 싶어집니다. 로망에 취해있기만 하는 남자보다는 현실로 실현해나가는 남자를 신뢰하게 되는 법입니다.

31

신뢰받는 남자는

인생에 대한
철학이 있다

"비서라는 업무의 즐거움은 무엇입니까?"

자주 듣는 질문이다. 늘 망설이지 않고 이렇게 대답한다.

"임원들의 인생철학을 직접 들을 수 있다는 점입니다."

지금 돌이켜 생각해보면 일상의 업무를 통해 인생 교훈이라고 할 수 있는 신념을 많이 배울 수 있었다는 점이 내 인생에 크게 영향을 미치고 있다.

신뢰받는 남자는 자기 나름의 '인생철학'을 갖고 있다. 그 사람의 경험에 기반을 세운 인생의 철학, 그것은 다른 사람에게 빌려온 차용물 같은 것이 아니다. 그 사람의 경험에서 솟아난 신념의 샘물이다.

옛 위인들의 말을 인용하는 것은 누구라도 할 수 있다. 물론 옛 위인들의 말이 감동을 주는 경우는 많다. 거기에는 수많은 인생 교훈이 있다. 그런 말이 많은 사람의 인생에 영향을 주는 것도 확실하다.

하지만 5~10년처럼 긴 세월이 흘렀을 때, 과거에 존경하던 상사의 말과 책에서 읽은 위인의 말 중 어느 쪽이 자신의 마음에 남아있을까. 과거에 신뢰하고 존경했던 상사의 말일 것이다. 아마도 그 말을 들었을 때의 상황이 선명하게 떠오르고, 그립게 느껴질 것이다. 지금 되돌아보면 10년 동안의 비서 인생에서 내 인생을 밝게 비춰주는 말을 셀 수 없을 정도로 들었던 듯하다.

특히 내가 힘들어하는 종류의 업무를 1년 동안 맡게 되어 눈앞이 캄캄해졌을 때, 상사에게 이런 말을 들은 적이 있다.

"모든 일에는 의미가 있어. 지금은 모르겠지만 나중에 반드시 알게 될 때가 올 거야. 지금 하는 일은 충분히 가치가 있는 일이야. 싫다는 생각은 잠시 접어두고, 지금 해야 할 일에 집중해 보게."

그로부터 2년 후, 그 업무를 맡았기 때문에 알 수 있게 된 교훈이 있었으며, 상사의 말이 진실이었다는 것을 깨달았다. 모든 일에는 의미가 있었던 것이다. 그 이후, '이 일은 좋아하니까 해야지', '그 일은 내게는 어려운 일인데 어떻게 할까'와 같이 업무를 선별하는 일이 없어졌다.

눈앞의 어떤 업무에도 의미가 있다고 생각하면 오로지 집중해서 해내는 수밖에 없다. 부정적인 감정이 들어설 여지가 없어지기 때문에 감정에 좌우되지 않는다. 그 결과 업무를 해내는 속도가 빨라졌고, 업무의 폭이 넓어졌다.

이런 일도 있었다. 갑자기 중요한 업무에 발탁되어 어떻게 하면 좋을지 모른 채 힘없이 어깨를 떨구고 우울해하고 있을 때 들었던 말이다.

"축하해! 자신의 새로운 가능성을 발견할 수 있을 걸세. 지금은 온통 불안한 마음뿐이겠지만, 일단은 사내외를 불문하고 과거에 그 업무를 했던 사람들을 만나서 여러 가지로 물어보면 도움이 될 거야. 지금은 실마리를 찾아야 하는 상황이라서 눈앞이 캄캄하고 무섭고 불안할 걸세. 그럴 때는 앞으로의 단계를 사전에 파악해두는 것만으로도 훨씬 마음이 편해진다네. 옆 부서의 ○○○ 씨에게 물어보면 도움이 될 걸세."

우울해하고 있는데 갑자기 '축하하네!'라는 말을 들었을 때는 '이 사람은 정말 내 기분을 모르는 건가?'라며 순간 의심의 마음을 품었었다. 하지만 이후 그 업무가 끝났을 때, 실제로 지금까지 보이지 않았던 자신의 가능성을 깨달을 수 있었다. 새로운 업무를 통해 새로운 자신의 가능성을 발견했던 것이다. 그 후, 이전까지 해본 적 없는 막막한 일을 의뢰받았을 때에는 가능한 한 이미 그 분야에서 활약하고 있는 사람들에게 조언을 구하게 되었다. 지금까지 걸어본 적이 없는 길을 안심하고 걸을 수 있게 되었고 스스로 행동을 하게 되었던 것이다.

불안하고 불안해서 견딜 수가 없게 되면 본래 자신의 능력을 발휘할 수 없다. 불안이나 공포와 같은 부정적인 감정에 자신의 행동이 좌우되지 않도록 하는 것은 무척이나 중요하다.

여기서 소개한 것은 업무에 대한 사고방식이나 업무 처

리 방식과 같은 '업무'에 관한 신념이지만, '삶의 방식', '인생에 관한 철학'이라고 해도 좋을 정도의 신념을 접할 기회도 수없이 많았다. 신뢰받는 남자는 자신의 철학을 확실하게 갖고 있다. 철학을 갖고 있는 사람은 자신 속에 흔들리지 않는 축이 있기 때문에 자신의 인생에 필요한 것과 그렇지 않은 것을 곧바로 인식할 수 있다. '나만의 철학을 가져보자!'라고 스스로 약속해 보는 것은 어떨까? 주위에 휘둘리는 인생에서 조금씩 해방되어 갈 것이다.

신뢰받는 남자는 자기 나름의 '인생철학'을 갖고 있습니다. 이는 자신의 경험에서 솟아난 신념의 샘물입니다. 철학을 갖고 있는 사람은 자신 속에 흔들리지 않는 축이 있기 때문에 주위 사람에게 휘둘리지 않습니다.

32

신뢰받는 남자는

신뢰받는 사람을 선택한다

지금까지 나는 비서로서 다양한 글로벌 기업에서 인사이동의 무대 뒤를 보아왔다. 거기에는 여러 가지 드라마가 있으며, 때로 그 드라마는 인사이동 발표 직전까지 전개되는 경우도 있다.

모두에게 신뢰받는 상사는 부하를 선택할 때, 그 사람이 신뢰할 수 있는 사람인지를 기준으로 생각한다. 신뢰받는 남자는 신뢰받는 사람을 선택하는 법이다.

그렇다고는 해도 신뢰는 눈에 보이지 않는 것이다. 사람과 사람 사이의 '신뢰 깊이'는 어떻게 측정할 수 있을까. 신뢰받는 상사는 함께 일하는 팀원을 정말로 중요시한다는 것을 알게 된 일화가 있다. 지금까지 10명의 임원을 보좌해왔는데, 그 가운데 단 한 사람의 상사만이 했던 일이다. 지금 되돌아보면 나의 비서 인생 가운데 그 상사가 가장 많은 이에게 발군의 신뢰를 얻은 사람이었다.

외국인 임원의 대부분은 본사에서 2~3년간의 계약으로 일본에 부임해온다. 그 몇 년 동안에 본사에서 맡긴 커다란 과제를 달성하기 위해서는 조직적으로 함께 일할 팀원의 힘이 필요하다. 팀원 개개인의 실적이 높을수록 팀 전체의 성과도 올라가며 임무를 달성하기 쉬워지기 때문에 멤버 선택에 힘을 쏟게 된다.

그 상사가 본부장이라는 위치에서 부하 직원이 될 부장급 7명과 비서인 나를 포함한 9명의 관리팀을 구성했을 때의 일이다. 외부 컨설턴트 기관에 의뢰해서 한 사람 한 사람을 업무 평가하고, 자기 이외의 다른 멤버를 두고 장점과 개선해야 할 점 등에 대해 인터뷰를 해나갔다. 그 인터뷰는 누구에게도 공개하지 않는 것이기 때문에 자유롭게 그리고 솔직하게 이야기했으면 한다고 했다. 나의 경우 다른 팀원 7명에 대해 이야기했다. 질문 항목은 5단계의 선택지로 평하는 것부터, 컨설턴트의 질문에 대해 구두로 이야기하는 것까지 있었다.

거기서 상사가 보았던 것은 각각의 멤버에 대한 주위의 '신뢰도'였다. 신뢰가 바탕이 되지 않으면 제대로 업무가 이루어지지 않는다. 그 인터뷰를 통해 팀 내의 역학 관계도 알 수 있었다. 평상시 일을 하고 있어도 좀처럼 엿볼 수 없었던 것이 수치화되어 나왔다. 팀 내에서 서로 발목을 잡고 있거나, 파벌을 만들거나 하면 기대하는 성과는 나오지 않는다. 상사는 팀 내의 신뢰도, 즉 '역학 관계'에 초점을 맞추고 있었던 것이다.

외부 컨설턴트까지 투입해서 철저하게 조사하는 경우는 드문 일이지만, 그 정도로 신뢰받는 상사는 사람과 사람이 서로 신뢰하고 일할 수 있는 환경을 조성하는 일을 중요하게 여기고 있다. 팀원 전원이 서로 신뢰할 수 있는 환경이 만들어졌을 때 비로소 함께 일할 수 있는 출발선에 서는 것이다. 그런 환경을 제공해준 것에는 지금도 감사하고 있다.

그 이후 이전보다 훨씬 일하기 편해졌으며, 개개인이 실력을 발휘해서 1년 반 후에는 놀라울 만한, 기록적인 성과를 이루어냈다. 팀원 모두가 함께 업적을 이루어냈을 때의 성취감은 각별하다. 무엇과도 바꿀 수 없는 기쁨이 거기에 있었다.

신뢰받는 남자는 팀의 역학을 소중히 여긴다. 팀 한 사람 한 사람의 힘이 최대한으로 발휘될 때에 일어나는 기적을 알고 있기 때문이다. 사람의 힘이 올바르게 집결했을 때, 화학반응 같은 일이 일어난다. 복수의 것이 조합되어 예상도 하지 못했던 높은 효과가 나타나는 것이다. 그 결과, 그 팀을 이끈 리더는 점점 더 많이 신뢰를 얻을 수 있게 된다. 팀의 역학은 생각 이상으로 중요하고 소중한 것이다.

신뢰받는 남자는 팀의 역학을 소중히 여깁니다. 팀 한 사람 한 사람의 힘이 최대한으로 발휘될 때에 일어나는 기적을 알고 있기 때문입니다. 사람의 힘이 올바르게 집결했을 때, 화학반응 같은 일이 일어납니다.

33

신뢰받는 남자는
'자신감'과 '과신'의 차이를 안다

사무실에서 점심을 먹다 보면, '그 사람 늘 자신만만해서 콧대가 하늘을 찌를 듯해', '그 사람 뭔가 착각하고 있는 거 아냐?'라고 수군거리는 소리를 듣게 되는 경우가 있다. 자신감을 갖는 것은 확실히 좋은 일이지만, 지나친 자신감은 주위에 좋지 않은 인상을 남긴다.

'자신감'과 '과신'은 어떻게 다를까? 자신감이란 자기가 자기의 능력과 가치 등을 믿는 일이지만 과신이란 가치나 역량을 실제보다 높게 보고, 지나치게 믿는 일이다.

신뢰받는 남자는 실력을 과신하는 것이 무서운 일이라는

것을 알고 있다. 왜냐하면 '벌거숭이 임금님'이 되어버리기 때문이다. 자신은 선두에서 리드하고 있다고 생각했는데, 문득 뒤를 돌아보면 아무도 따라오지 않는 상황, 이런 상황에서는 정확하게 조직 운영을 할 수가 없다.

비서를 하면서 늘 생각하던 것 중 하나가, 자신감과 과신의 경계는 어디에 있을까 하는 것이었다. 주위 사람들은 알고 있지만, 안타깝게도 과신하고 있는 사람의 대부분은 본인이 자기를 과신하고 있다는 사실을 모른다. 그렇기 때문에 점점 더 과신하게 된다.

신뢰받는 남자는 자신감과 과신의 차이를 알고 있다. 그렇기 때문에 자신이 과신하고 있는 것은 아닌지 주기적으로 확인하는 것을 게을리하지 않는다. 과신을 확인하는 방법은 몇 가지가 있지만, 가장 간단한 방법은 다른 사람에게 피드백을 얻는 것이다.

팀에서 무언가 특별한 일을 벌였을 때는 반드시 피드백 미팅을 한다. 관련자가 작성한 설문지나 응답지를 분석하고, 그 일에 관여했던 사람들에게도 당일의 모습에 대해 묻는다. 실제의 운영은 어떠했는지, 문제는 없었는지, 그날

발생했던 일 중에 앞으로 개선할 수 있는 것은 있는지, 앞으로 같은 일을 벌인다면 어떤 부분을 개선하고 싶은지 등이다. 솔직하게 얘기를 나눌 수 있는 자리를 가져야 한다.

리더가 좋을 것이라고 생각하고 계획한 일이 참가자 입장에서는 좋지 않은 경우도 있다. 그 부분을 앞으로 어떻게 개선해야 할지가 이야기의 핵심이 된다. 그렇게 세세한 부분까지도 살펴보면서 업무 전체를 입체적으로 평가해가는 것이다. 바쁘다는 이유로 피드백을 무시한 채 다음 업무를 시작하는 경우가 많은데, 임원들은 피드백 미팅의 가치를 잘 알고 있기 때문에 결코 이를 게을리하지 않는다.

리더로서 자신만만하게 실행에 옮겼지만 좋지 않은 평가가 나왔다는 사실을 알 기회가 있다면 이후에는 개선을 할 수 있다. 개선책에 따라 성공 경험을 쌓아가다 보면 이번에는 제대로 해냈다는 '자신감'도 축적된다. 그러나 피드백을 얻지 않으면 개선해야 할 지점을 알 수 없게 되고, 아무리 시간이 흘러도 성공하지 못한다.

이처럼 자기가 자신을 과신하고 있는 것은 아닌지 확인하는 일은 무척 중요하다. 피드백이 또다시 자신감을 가질 수 있는 계기가 되기 때문이다. 과신하고 있지 않은지 확인하여 더욱 자신감을 얻을 수 있다.

반대로 과신하고 있는 것은 아닌지 확인하지 않으면 점점 과신이 가속화되어 간다. 확실하게 피드백을 받는다는 작은 행위가 쌓여서 자신을 얻을지 과신을 조장할지 결정하는 것이다.

신뢰받는 남자는 과신의 무서움을 알고 있다. 자신의 과신을 확인할 수 있는 방법을 갖도록 하자.

자신감이란 자기가 자기의 능력과 가치 등을 믿는 일이지만 과신이란 가치나 역량을 실제보다 높게 보고, 지나치게 믿는 일입니다. 신뢰받는 남자는 실력을 과신하는 것이 무서운 일이라는 것을 알고 있습니다. 왜냐하면 '벌거숭이 임금님'이 되어버리기 때문입니다.

최근에 지하철 안에서 들었던 대화다.

"그녀가 나를 신용하지 않아. 여러 가지로 노력하고 있지만 갈수록 더 의심하는 거야. 어떻게 해야 하지?"

어떤 남자가 친구에게 상담을 하는 모습이었다.

신용이나 신뢰는 억지로 무언가를 한다고 해서 얻을 수 있는 것이 아니다. 신뢰받는 남자는 '신뢰의 법칙'을 알고 있다. 그것은 무척이나 간단하다. 상대방에 대한 신뢰 없이는 신뢰를 얻기 힘들다는 것이다. 신뢰받고 싶다면 먼저 자신이 상대방을 신뢰해야 한다. 자신의 마음속에 있는 주머니에서 신뢰를 꺼내본다. 두려워하지 말고, 용기를 가져야 한다. 그것이 출발점이다.

상대방에게도 당신의 신뢰를 받아들일 마음의 주머니가 있다. 신뢰는 눈에 보이지 않지만, 서로의 마음속에서는 주머니가 오가고 있는 것이다. 자신이 먼저 상대방을 신뢰하면 상대방도 자신을 신뢰하게 된다. 그것이 신뢰를 쌓아가는 비결이 아닐까?

이는 상사와 부하라는 상하 관계뿐만 아니라 모든 사람과의 교류 전반에 해당되는 것이라고 생각한다. '그 사람이 나를 좀처럼 신뢰해주지 않아서'라고 말하는 사람은 어쩌면 자기 자신이 그 사람에게 마음을 열고 있지 않은 것인지도 모른다. 사람은 상대방의 사소한 행동이나 말을 통해 자신이 신뢰받고 있는지 아닌지를 감각적으로 느끼는 법이다.

그렇다고는 해도 '그런 말 해봤자, 아직 상대방이 어떤 사람인지도 잘 모르는데'라고 하는 것처럼, 갑자기 상대방을 신뢰한다는 일이 어렵게 느껴지는 사람도 있을 것이다. 이런 경우에는 먼저 상대방의 자유의사를 존중해보자. 자유의사란 본래 다른 사람의 조종이 불가능한 영역이다. 상대방이 생각하고 있는 바를 있는 그대로 수긍하고 받아준다. 누군가가 어떤 일을 하고 싶다고 상담을 해오면, 사람들은 '이렇게 해야 한다'고 지시를 하거나 설득하고 싶은 마음이 들기 마련이다. 하지만 그 마음을 가만히 억누르고, 일단은 상대방의 이야기를 충분히 경청하고 그 사람의 방식을 존중해준다. 그리고 마지막으로 '나는 이렇게 생각한다'고 자기 생각을 덧붙여보는 것이다.

영어를 배우러 어학연수를 갈지 고민하는 친구가 있다고 해보자.

"회사를 그만두고 반년 정도 외국에 있는 외국어 학교에 다닐까 생각하고 있는데……. 사표를 내는 것도 불안하고 돈도 없고……. 반년 해서 영어를 잘할 수 있을지도 모르겠어."

이런 때에 '영어권이라면 영국으로 가야 해', '경제적인 여유가 없다면 회사를 조금 더 다니는 편이 좋지 않아?'라고 단정 짓기보다는, '그렇구나. 영어를 배우겠다는 꿈, 멋지네. 앞으로 영어를 배워서 어떤 일을 하고 싶어?'라고,

상대방이 앞으로 하려는 행동에 흥미를 갖고 들어주는 편이 기쁘지 않을까? 모든 사람이 그렇다고는 할 수 없지만, 상담을 하고 싶어 하는 사람 가운데에는, '단지 이야기를 들어주었으면 좋겠다', '힘을 낼 수 있게 응원해주었으면 좋겠다'고 생각하는 사람이 많다.

신뢰받는 남자는 상대방의 자유의사를 존중할 수 있는 마음의 여유를 가지고 있다. 확고한 자신의 생각은 있지만 결코 그 생각을 강요하지 않고 상대방에게 압박을 가하지도 않는다. 신뢰받고 싶다고 생각한다면 기술이나 방법론에 치우치지 말고 상대방의 자유의사를 존중해보라. 사소한 일이라도 좋다. 일단은 상대방의 말에 확실하게 귀를 기울이고, 부정하지 않아야 한다. 상대방의 취미나 좋아하는 일에 흥미를 표시해준다. 그러한 일상의 주고받음이 쌓이고, 시간이 쌓이면서 신뢰로 이어지는 것이다.

신뢰받는 남자는 '신뢰의 법칙'을 알고 있습니다. 그것은 무척 간단합니다. 신뢰받고 싶다면 자신이 먼저 상대방을 신뢰해야 한다는 것입니다.

"당신은 자기 자신을 신뢰하고 있는가?"

이 질문에 가슴이 두근거리는 사람이 많을 것이다. 또는 지금까지 이를 생각해본 적 없었다는 사람도 있을 수 있다. 자기 자신을 신뢰한다는 말은 무슨 뜻일까?

지금까지 신뢰받는 남자의 공통점을 여러 가지로 살펴왔지만, 가장 중요한 것은 자기 자신을 신뢰하고 있는지 여부라고 생각한다. 그 여부에 따라 중요한 차이가 발생한다. 이는 자기에게 자신이 있다는 것과는 조금 다르다. 자기에게 자신이 있는 사람이라도, 자신을 신뢰하지 않는 사람이 있다.

신뢰받는 남자는 자기 자신을 신뢰하고 있다. 자기를 신뢰하고 있는 사람은 버드나무처럼 부드럽고 강한 사람이다. 동요하지 않는 확고한 신념을 갖고 있어서, 모든 거친 파도를 헤쳐나가며 한 발 한 발 착실하게 앞으로 내딛는다.

자기 자신을 100퍼센트 신뢰할 수 있다면 얼마나 행복할까. 자신을 신뢰하는 남자는 일시적으로 역경에 빠져도, '다시 어떻게든 될 거야, 나라면 괜찮아!'라고 생각한다. 시행착오를 겪으면서도 다음 단계를 향해 나가는 저력이 있는 것이다. 자신을 신뢰하는 사람에게는 미혹이 없다.

최근에는 마음의 병에 걸린 사람이 늘어나고 있다고 한다. 자기 자신을 신뢰할 수 없는 사람이 이전보다 늘어났기 때문은 아닐까. 허영심으로 인해 자신을 실제보다 과장해서 드러내고, 그것을 감추기 위해 필사적으로 노력하는 사람. 이런 사람이 어느 순간, 마치 뚝 하고 소리가 나듯이 마음이 부러져가는 모습을 직장에서 본 적이 있다. 친했던 사람의 마음이 무너지는 모습을 옆에서 지켜보는 것은 무척이나 괴로운 경험이었다.

그때 든 생각이 있다. 앞으로의 시대를 살기 위해서는 자신을 스스로 신뢰하는 자세가 있어야 한다는 것이다. 그것은 다른 누군가를 통해 느낄 수 있는 감정이 아니라 자기 스스로 느끼는 감정이다. 주위 사람의 반응에 일희일비하다 보면 신경이 과민해지고, 자신이 도대체 어떤 존재인지 알 수 없게 되는 경우가 많다. 내게도 감정이 혼란스러웠던 시기가 있다.

저녁 시간, 근무를 마치고 회사를 나설 때 축 쳐져 있던 내게 상사가 자주 들려줬던 말이 있다.

"자신의 인생을 살아라! 아무도 방해할 수 없으니까, 자신을 믿어라!"

그 당시에는 그 말이 얼마나 깊이 있는 말인지 깨닫지 못한 채, '네. 내일 뵙겠습니다'라고 일단 대답했다.

지금은 그 당시의 경솔했던 태도를 반성하고 있다. 사실은 무척이나 고마운 말이었던 것이다. 아마도 상사는 그때 '주변 사람들의 감정에 지나치게 영향을 받아 집에 돌아가서도 고민하고 괴로워하기에는 인생이 아깝다. 인생의 주인공은 자신이니까'라는 말을 전하고 싶었을 것이다.

인생의 주인공은 자신이다. 주인공이 되어 인생을 보내기 위해서는 자신을 신뢰하고 자기의 중심을 갖는 것이 무엇보다 중요하다. 그 중심이 흔들리면 타인에게 휘둘려 다른 사람의 인생을 걷게 될 가능성이 있다.

당신은 다른 사람의 인생을 걷고 싶은가? 아니면 인생의 주인공으로 자신의 인생을 걷고 싶은가. 다른 그 누구도 아닌 자기가 자신을 신뢰하는 것이 인생의 주인공이 될 수 있는 '비밀의 열쇠'다.

매일 아침, 집에서 회사로 향하는 동안에 '나는 나를 신뢰하고 있다!'라고 마음속으로 선언해보는 것은 어떨까. 분명 용기가 솟아오를 것이다. 스스로 긍정적인 암시를 걸어보자. 마음을 답답하게 하고 있던 안개가 조금씩 걷힐 것이다.

자기를 신뢰하고 있는 사람은 동요하지 않는
확고한 신념을 갖고 있습니다. 주인공이 되어
인생을 보내기 위해서는 자기 자신을 신뢰하고
자신의 중심을 갖는 것이 무엇보다 중요합니
다. 자기가 자신을 신뢰하는 것이 인생의 주인
공이 될 수 있는 '비밀의 열쇠'입니다.

진실한 인간관계를 위하여

이 책을 끝까지 읽어주셔서 고맙습니다.

비서로 일하던 과거 10년 동안 함께 해준 상사와 선후배, 동료, 그리고 그 당시 신세를 졌던 모두에게 고맙다는 인사를 전하고 싶습니다. 여러 사람에게 많은 것을 배운 덕분에 지금의 내가 있음을 통감하고 있습니다.

비서로서 많은 리더 및 상사와 함께 일하는 동안 늘 궁금했던 것이 있습니다. 그것은 '리더에게 가장 중요한 요소는 무엇일까'라는 질문이었습니다. 직장에서 주위를 둘러보면서 자문자답하는 날이 이어졌지만, 어느 날 그 대답을 알게 되었습니다. 모두의 호감을 얻고, 탁월한 실적을 쌓아가는 리더는 모두 '신뢰받는 남자'였다는 사실입니다.

신뢰에 기반을 둔 커뮤니케이션은 그 자체로 가장 소중한 요소였습니다. 당연한 말처럼 들리겠지만, 실제로 그것을 실천할 수 있는 사람과 그렇지 못한 사람 사이에는 커다란 차이가 있었습니다.

이 책은 나와 함께 일해왔던 '신뢰받는 남자'의 특징을 정리한 것입니다. 주위 사람들에게 신뢰받는 임원은 업무를 해나갈 때 부하 직원과의 신뢰 관계를 한 사람 한 사람 정성껏 쌓아갑니다. 신뢰라는 마음의 유대가 얼마나 중요한지를 알고 있기 때문입니다.

한 명 한 명 소중하게 신뢰를 쌓아가는 것에 시간을 투자하는 사람과 그렇지 않은 사람은 시간이 지남에 따라 부하의 의욕이나 성과에서 커다란 차이를 보입니다. 이는 비서로서 임원들과 일해온 10년 동안 다양한 비즈니스 장면을 보아온 결과 깨닫게 된 것입니다.

요즘 들어 사람과의 소통 문제로 마음의 병을 얻는 사람이 증가하고 있다고 합니다. 무척이나 슬픈 이야기입니다.

신뢰에 기반을 두고 이어지는 사람과 사람의 관계에서는 온기를 느낄 수 있는 진실한 마음의 교류가 있습니다. 신뢰 위에서 이뤄지는 인간관계가 얼마나 소중한 것인지, 얼마나 자신의 인생을 풍요롭게 해주는 것인지, 각자 돌이켜 생각해봐야 할 때가 왔다고 생각합니다.

이 책이 미력하나마 조금이라도 여러분에게 도움이 될 수 있다면 저자로서 더없이 기쁠 것입니다. 한 사람이라도 더 많은 사람이 '신뢰받는 남자'가 되어, 직장뿐만 아니라 모든 곳에서 힘차게 살아가기를 마음 깊은 곳에서 기원합니다.

노마치 미쓰카